다시
페달을 밟는다

이정숙 수필집

출판하우스 짓다

오영석 作

허공을 딛고 온 언어가 있고, 긴 소금밭과 깊은 수렁을 이겨낸 언어가 있다.
이정숙 작가의 언어에서 단단하면서도 깊은 고뇌의 뼈가 만져지는 것은
그 흔적의 단단한 물질성 때문이다.

작가의 말

지금까지, 아직, 혹은 또 다른

　대체 뭘 들여다보라는 것이었을까? 뜬금없이 '지금까지 열려있는 문'이라는 문구를 입에 물고 잠에서 깼다. 꿈속의 문장들은 눈을 뜨자마자 머릿속에서 입에서 순식간에 사라지기 일쑤였는데, 이번엔 달랐다. 비록 짧은 문장이라고는 하지만 양각으로 파놓은 듯 선명했다.

　서늘한 시간이 한 잎을 건드리자 다른 잎들도 색을 바꾸는 것처럼, '아직 열려있는 문', '닫히지 않은 문', '열어놓은 문'이 연이어 떠올랐다. 문은 세계를 가르고 연결하는 것인데, 너머에 무엇이 날 기다리고 있다는 것인지, 만나라는 것인지 만나지 말라는 것인지, 만나게 되면 얼마만큼이나 만나라는 것인지 궁금했다. 시간의 문제도 그렇다. 대체 얼마나 남았다는 것인지.

　지난번 책을 낼 즈음에 '계단에서 만난 시간'이 예지몽으로 찾아왔다. 이번에도 뭔가 작용이 있을 것으로 생각하며 문을 들여다보고 또

보았다. 언제일지 모르지만, 명징한 답을 내어주리란 믿음으로 꿈속에서 건네준 문장을 내내 숙성시켰다.

어느 날부터 시답지 않은 글을 계속 쓴다는 것이 마뜩잖았다. 이번 책으로 문학 인생을 마무리 짓고 오후 7시의 어미변화를 생각했다. 그런데, 생이 다할 때까지 무한의 세계가 열려있으니 문을 닫지 말라는 것이었다. 살아있는 한 글을 쓰라는 것. 나는 꿈을 그렇게 풀었다. 꿈을 풀어내는 것이 생의 풍경 중 절반을 차지하니까.

그래, 지도를 펼치고 새 길 하나를 골라보자. 꽃과 나무들, 구름이 가리키는 쪽의 문을 열고 다시 페달을 밟아보자. 새 길에서 만난 문장들을 위해 집을 지어주자.

2024년 단풍나무 가을에서 겨울로 가던 날에

이정숙

차례

작가의 말

1
바로 이 순간이 나의 영원이다

- 10   새로운 생활
- 13   외눈박이 물고기의 사랑처럼
- 18   가끔은 길을 잃어도 괜찮아
- 23   가을 나무를 보며
- 27   주황예찬
- 32   주황색을 좋아하면서 나는 행복해졌다
- 35   환幻
- 40   허망하여라
- 44   멘토, 빛으로 스미다
- 48   내 안에 노래가 있어

2
큰 것은 아래가 되는 것입니다

- 54   결을 읽다
- 57   나의 퀘렌시아
- 61   임실을 먹다
- 65   비상을 꿈꾼다
- 68   오늘 나는 죽었다
- 73   외솔길을 걷다
- 79   그곳, 외딴집
- 83   저기, 초록비가
- 86   8남매 갓김치
- 90   학교길에서

그날부터 종지는 꽃이 되었습니다

- 96 청타기淸打機
- 100 나는 종지입니다
- 107 잔향殘香
- 111 마들가리 울 언니
- 116 대나무에 눈이 있었어
- 120 몸은 바쁜데 마음이 심심해서
- 124 바늘 여인
- 128 푸른 소나무와 뻐꾸기 소리
- 133 별똥별 꿈

자연과 숨을 나눌 때 영혼은 가볍다

- 140 페달 밟기
- 146 사진 외출하다
- 150 무슨 일이 있었던가
- 154 본능의 저편
- 158 헬로, 춤
- 163 지금 평화 밑에는 죽음이 누워있다
- 168 저는 보호자가 필요 없어요
- 172 오, 수면
- 178 밝은 어둠 속에서
- 181 한상차림

평설

- 190 '무위자연의 도'와 긴간의 내부 '영원성'의 세계
  – 김광원(문학평론가)

시간과 공간과 사람이 바로 현재에 있다.
괴로워도 슬퍼도 행복해도 그 모두가 소중한 오늘이다.
살아있음이 축복이고 가치이다. 바로 이 순간이 나의 영원이다.

1

바로 이 순간이 나의 영원이다

새로운 생활

삶이 단순화되어가고 있다. 아무것도, 그 무엇도 의욕이 없다. 삼시세끼 밥을 먹는 것도 대충이다. 말 그대로 휴식도 뭣도 아닌, 그냥 멍하니 시간을 밀어낸다. 몸도 맘도 아파지기 시작한다. 그래, 통증을 통과해야만 새로움을 얻을 수 있어.

별다른 처방 없이 며칠을 더 견디기로 한다. 그저 멍청이가 되어, 아기가 되어, 생각도 욕망도 내려놓는다. 거룩한 통과의례라도 거치는 것처럼 의식을 치른다. 시간이 지나면 저절로 잡힐 것이라는 막연함을 믿으며 금쪽같은 시간을 배부르게 먹어 치운다.

시간은 존재를 끌고 갔다. 공간에 따라 존재의 색깔을 변화시켰다. 상당한 시간을 할애한 침잠 뒤에 오는 매너리즘, 이건 새로움을 향하는 교량 역할이다. 몰락은 죽음이나 파멸을 의미하기도 하지만 일시적인 멈춤이며 도약하기 위한 충전의 시간이다. 새벽을 불러오기 위한 어둠이다. 정신이 편치 않으니 몸도 마음과 하나가 된다. 한 달여 병원을 들락날락, 된통 홍역을 치르고서야 강아지가 물속에서 나와 몸을 털어내듯 훌훌 벗어나 기지개를 켠다.

올해는 생각과 실천이 티격태격하는 한 해다. 나는 시간하고 무엇을 바꾸었을까. 질문을 던져 보지만 쉬이 손에 잡히지 않는다. 무엇을 원하는가? 어떻게 살아야 하는가? 욕구는 변화를 요구한다. 한동안 꽃도 이파리도 없는 겨울나무처럼 살아보겠다는 마음으로 울안에 들었다. 근 30여 년 종교 생활과 문학 마당에서 움직이던 것을 모두 접었다. 마치 오랜 직장생활을 마치고 퇴직을 한 것처럼 홀가분한 마음이었다. 그간 염원했던 시간으로의 이동이었다.

그런데 뜻밖의 명현현상이 일어났다. 애연가가 담배를 끊은 뒤 나타난다는 금단현상 같은 것이었다. 간절히 원해서 마음을 다잡아 실천에 옮겼음에도 적응이 안 되었다. 숲에 가려져 들이지 못한 응달에 쨍쨍한 햇살이 비칠 줄 알았는데 착각이었다. 그토록 바라던 것이 무기력이라니 이해가 되지 않았다. 주변에서도 이내 심사를 이해하지 못했다. 아, 타인이라는 게 참 그렇구나. 나도 나를 잘 모르겠는데 그렇기도 하겠지. '조금 있으면 적응이 될 거야.'라고 말해주면 좋을 텐데 본래 집에 있지 못하는 사람이니 어쩔 수 없다는 투다. 역시 타인은 타인이었다.

주변에서 북적거리던 사람이 고요 속으로 멀어져갔다. 모두가 내 몫이고 원했던 것이었다. 스스로 이겨나야 할 사안이었다. 가

새로운 생활

앓이하는 동안 정신을 바짝 차렸다. 하루의 패턴을 다시 쓰기 했다. 튕겨 나갔던 공이 다시 원주 안의 범위로 들어오듯 점차 제 페이스를 찾기 시작했다. 아무리 결심해도, 아니 간절했어도 하루아침에 변화되기는 어렵다는 것을 알았다. 제법 혹독한 몸살을 거쳐 내 리듬을 찾았다.

　하루해가 짧다. 운동하고 잘 챙겨 먹고 타인과는 어쩌다 공유하며 책 읽는 시간을 선물했다. 하고 싶었던 노래도 실컷 부르며 거기에 여행도 채워 넣었다. 참, 좋다.

　이것이 그간에 꿈꾸었던 나의 미니멀 라이프다.

다시 페달을 밟는다

외눈박이 물고기의 사랑처럼

　바늘겨레에서 중간바늘 하나를 뺀다. 콩 씨눈 같은 바늘귀에 실눈을 뜨고 실을 꿴다. 바늘에 실이 꿰어지면 꿈틀대던 싹수가 그에 맞는 시나리오를 삽시간에 짜낸다. 따로 배운 것이 아니어서 본보기도 없이 초크로 대충 그려 틀을 잡는다. 소꿉놀이하듯 오리고, 붙이며 이내 바느질은 시작된다. 손 가는 대로, 마음 가는 대로 에멜무지로 해도 별 탈이 없다.
　누가 시켜서 하는 게 아니다. 꼭 해야 할 명분이나 당위성도 없다. 그냥 하고 싶어 한다. 자석의 NS 극이 끌리듯 바느질이 당긴다. 오늘 아침에도 그랬다. 지인으로부터 치마 선물을 받았다. 윗옷을 어떤 것으로 코디할까 궁리하다가 티셔츠 하나가 생각났다. 맘에 들어 샀는데 처음 마음을 당겼을 때와 느낌이 달라서 묵혀두었던 옷이다. 색상의 조합은 그럴싸한데 디자인이 어울리지 않는다. 목선과 밑단을 고쳐서 벨트를 매면 한 벌로 좋을 듯 싶었다.
　싹둑싹둑 가위질 소리가 침묵을 깬다. 작업을 하기도 전에 기쁨이 들어앉는다. 어느새 무념 상태다. 눈빛을 모으다 보면 밤이 지나고 새벽이 올 때도 있다. 바느질할 때만큼은 시간이 존재하지 않는다. 카이로스다. 바느질은 시간을 삼키는 괴물이다. 안방에 있던 핸드폰에 부재중 전화가 몇 개나 쌓였다. 아침밥 시간도 지나가 버렸다. 뻐근해진 몸과는 달리 정신에서는 나비가 나풀거린다. 온기 스미는 나만의 옷이 생겼다.

바느질은 서성이며 꼬드기는 요물이다. 마음이 하고픈 일은 이성과 논리로는 설명되지 않는 미학과 예술의 세계에서 벌어지는 일이다. 유혹에 빠져 빈티지뿐만 아니라 치수가 빠져 싸게 파는 옷도 구매하여 내식대로 옷을 만든다. 또 뜬금없이 실을 사다가 뜨개질을 한다. 겨울에는 모자를 대여섯 개 떠서 지인들에게 나눠주었다. 자락자족自樂自足이다.

노량으로 해도 되련만 한번 잡으면 완성될 때까지 주야장천 해댄다. 꾸벅꾸벅 졸다가도 바느질을 잡으면 각성제가 있는지 잠이 확 깬다. 이쯤 되면 좋아하는 것은 확실하다. 긴 세월 나를 놓아주지 않고 손잡으려 하는 애증의 바느질, 고향 집 같은 향수다.

뜨개질과 바느질이 일상이 된 적이 있었다. 늦게 들어오는 남편을 기다리는 시간은 수예 시간이었다. 재봉틀로 이불 홑청과 텔레비전 덮개 같은 소품을 만들다가 코바늘로 몇 달씩 걸리는 대작에 들어갔다. 공작새 무늬로 커튼을, 주방과 거실 사이는 포도송이로, 소파 커버와 방석은 장미꽃으로 집안을 온통 하얀 뜨개질 옷을 입혔다. 그 고잔잔한 것을 어떻게 하냐고들 하지만 심지어는 침대 매트까지 작업하여 여름에 고실고실하게 깔았다. 입소문이 나 이웃들이 구경하는 집으로 흐뭇하며 드나들었다. 왜 기다리는 지루함을 바느질로 달랬을까? 돌이켜 보니 후천성은 아니고 타고난 소질이 본능으로 끌어당기지 않았나 싶다.

  오랜 기간 엉킨 삶을 풀어내며 바느질로 시간을 꿰매었다. 배출되지 못한 억눌린 감정을 손놀림의 행위로 쓰다듬고 위로했다. 불완전한 내면은 즐거움으로 채워져 잡다한 감정이 수선되었다. 바늘과 함께하는 시간은 잡념을 몰아내는 연금술이었다. 단순히 꿰매는 작업 이상의 창조물이 아그데아그데 열리며 꽃을 피웠다. 망치라면 망치라고 배짱 좋게 행하니 오히려 마음에 드는 작품이 만들어졌다.

  좋아지는 것은 몸의 명령이다. 손을 꼼지락거리는 일이 하냥 즐겁다. 즐거움은 대상을 찾게 되고 대상은 이내 마음을 빼앗는다. 요즈음도 여러 바늘을 친구삼는다. 멀쩡한 것도 곧잘 뜯어 자르고, 레이스를 덧붙이고, 밋밋한 것에는 수를 놓는다. 재미도 있고, 만족스러운 카타르시스다.

  무엇을 좋아하는지조차 모르고 많은 세월을 살았다. 어이없게도 내재한 가능성을 열어보려 하지도 않았다. 수예가 찜쪄먹는 솜씨였는데 재능을 수긍하였을 때는 나이를 꽤 먹어버린 뒤였다. 어쩌자고 늦게서야 알게 했는지. 달란트였고, 태생의 욕망이

오영석 作

었건만 힘들게 살까 봐서 그랬을까? 나의 무지는 자아의 신화를 찾지 못했다. 전혀 눈치채지 못했으니까.

지나간 세월에 대한 통증이 밀려왔다. 전문적으로 하기엔 때가 늦어버렸다. 지금이라도 하면 되지 때가 있느냐지만 나름 보편적 시기가 있다. 못 이룬 자의 변명이고 핑계지만 시기를 놓쳐버리고 환경 탓을 했다.

나이는 제약을 뜻한다. 무슨 일이든 제때 해야지 제대로 열매를 맺을 수 있다. 생의 수정이 가능하다면. 잃어버린 시간을 찾을 수 있다면 여학교 때 가정 시간으로 가고 싶다. 수예 시간에 친구들을 도와주는 걸 유난히 좋아했지만, 타고난 재능이 시켜서 한 일인 줄은 감도 잡지 못했다. 그 시절이 아삼삼하다.

  미래를 알려주는 비밀은 현재에 있지 않은가. 가정 선생님이나 아니면 그 누구라도 살짝 귀띔해줬었더라면 내 생이 바뀌었을까. 어느 정도의 고지에 이르렀을 것이고, 무엇보다도 행복했을 것 같다. 그렇다고 누굴 원망하는 것은 아니다. 잠재능력을 놓친 아쉬움이고, 영민하지 못했던 회한이다.

  바느질은 변신이다. 변신은 만족의 불확실성에서 요구된다. 다양한 상상력을 발휘하여 독창적인 아름다움을 창출하고픈 욕망이기도 하다. 그것을 마음껏 펼쳐내지 못한 응어리가 꼼지락거린다. 바느질을 시작할 때 마무리된 옷을 상상하면 잉큼잉큼 가슴이 뛴다.

  지나온 삶은 등 뒤에 놓고 인생길을 바꾸어보면 어떨까? 바느질이 우위에 있는 글 쓰는 사람이었으면 좋았겠다. 다음 생이 있다면 아마도 바느질 하는 여인으로 살지 않을까. 자기 성향을 찾아 경험하고 그것을 진짜 잘할 수 있는 일인지 가늠해 보는 일, 큰일이다. 당신은 지금 덕업일치하고 사시나요.

---

  * 류시화 시인의 「외눈박이 물고기 사랑」 제목을 차용하였음.

가끔은 길을 잃어도 괜찮아

다시 페달을 밟는다

오영석 作

정신이 바짝 들었다. 끝없이 흐르는 악무한의 시간은 금세 믿기지 않는 나이로 데려다 놓았다. 잘못하다간 허락할 수 없는 무엇이 되고 말 것 같다. 주기적인 환기로 영·육의 근육을 단련하지 않으면 안 되었다.

모처럼 전북을 벗어난 충남 성주산이다. 계곡을 따라가는 산행이 괜찮다는 정보를 얻었다. 한 시간 남짓 달리니 성주산 정상에 가는 팻말이 입구를 일러준다. 산골 출신이라서 산 어디를 가든 추억이 사는 듯 반갑다. 처음 오는 산이라 흐들갑스레 인사한다. 산에 들면 푸른 기운이 포획하여 신바람 나고 힘이 솟는다.

들머리에 오솔길이 나 있다. 느티나무 굴참나무 때죽나무 고로쇠나무들이 눈에 들어온다. 초입부터 만만찮은 된비알이다. 도움닫기도 없이 가파른 길을 한참이나 오른다. 근데, 분명 계곡을 따라 걷는 길이라 했는데 계곡이 나올 생각을 안 한다. 7월의 울창한 숲이 길 없애기를 반복하더니 아예 없어진다.

무조건 오를 일이 아니다. 멈추어 이곳저곳을 톺아봐도 길 흔적이라곤 없다. 탐험자가 되어버렸다. 히집고 내려가자니 가풀막이 위험하고, 올라가자니 깎아지른 낭떠러지가 덜컥 겁이 난다. 불안이 밀고 들어왔지만, 일반적인 산길이 아니라 낯선 들뜸에 주저하지 않는다.

인생 자체가 선택의 꼬리물기라 했던가. 본래부터 있는 길이 어디 있겠는가. 길을 내며 출구를 찾기로 한다. 정상은 묘연하지만 따복따복 발걸음을 옮긴다. 한 시간쯤 걸었을까. 갈증도 나고 몸에서 여름 냄새가 물씬 난다. 무심했던 바람이 덕담이라도 하는 양 휭 지난다.

처녀림 같은 곳에 발자국을 남기는 일은 가슴이 뛴다. 어느 순간부터 긴장감을 즐겼었는지 숫길을 가는 쾌감이 은근하다. 상반된 이중구조의 이상한 심리가 불안하면서도 조금 더 이어졌으면 하는 어처구니없는 아쉬움이 작용한다. 고개 들어 사방을 살피니 산마루에 하늘빛이 닿아 훤하다. 무조건 산등성이를 향하여 나뭇가지를 붙들고, 때론 바위너설에 의지하며 길 없는 곳에 길을 내며 걷는다. 나뭇가지와 바위는 기둥이 되고 손을 잡아주는 도우미다.

힘겹게 도달한 산마루는 제법 넓고 민듯한 길이 가로질러 있다. 나만의 공간, 나만의 시간이다. 여유롭게 잠깐 땀을 식힌다. 이젠 하산이다. 올랐던 길이 아닌 대각선 능선을 따라 내려오는데 또 길이 흐지부지 끊기고 만다. 갈수록 태산이다. 올라갈 때 팍팍하고 숨참과는 달리 급경사 내리막이다.

급기야는 넉장거리로 넘어지고 말았다. 계속 제동을 걸어야 하는 긴장으로 곡예사가 묘기를 부리듯 발걸음을 내디딘다. 극기 훈련이다. 벼랑 끝 허공에서 길을 찾는 격이다. 흩어진 정신을 바짝 응집한다. 늘어진 줄이 팽팽하게 조여진 듯하다. 급박하면 초인의 힘이 작용하는지 눈이 없던 곳에 눈이 생기고 온몸에서 발이 자라 전문 산악인처럼 초능력이 발휘된다. 난관에 부딪힐수록 새로운 해답을 얻고 색다른 가능성을 발견한다. 몸도 비곗덩어리를 풀어낸 듯 가볍다. 공포와 위기가 상황을 전향시켜 꽃을 피운다.

출구가 막혔을 때 되돌아서기보다는 맞닥뜨려볼 일이다. 모든 유목민적 삶은 출발하면서부터 길을 낸다. 빈틈이 없는것 같아도 틈새는 있기 마련이고, 힘든 길이지만 헤쳐나가다 보면 씨앗 하나가 심어진다. 씨앗은 움을 트고 자라서 몇십 배의 열매를 맺는다. 산행은 길이 없는 곳에서 제맛이 나지 않을까 싶다.

길이란 누군가로부터 시작되어 숱한 사람들의 발자국으로 이루어지는 것. 그렇다면 길은 만드는 자의 의지와 목적이 있을 것이다. 등산이라면 당연히 정상이나 샘터로 향할 것을 전제한다. 삶의 길도 그러하리라. 이미 만들어진 길을 걷는 자는 최초의 길을 만든 자의 뜻을 그저 무연하게 따르는 것이라고 할 수밖에 없다. 어찌 보면 편리하다. 달리 생각하면, 앞선 사람들의 뜻에 따르기에 온전한 나는 사라진다. 하여, 습관처럼 가는 길을 등지고 미지의 길을 택하는 것도 의미 있는 일이겠다. 의도적인 오류를 범해서 뭔가를 기립시킬 수 있기 때문이다.

잘못 든 성주산 산행길에서 진짜 길을 찾은 느낌이다. 이야기는 고통으로부터 만들어지는가? 가시밭길에서 꽃을 피워낸 이야기가 판소리의 더늠처럼 삶의 한 대목을 꾸민다. 이 이야기는 긴 여운으로 내 생에 오래 머물 터이다.

  오늘의 무리수는 창조였다. 무모할 정도로 획기적인 도전은 야성의 기질이 작용한 덕이다. 루쉰은 '길이란 있다고도 없다고도 할 수 없다.'라고 했다. 닦아놓은 길만이 가는 길인 양 편안함을 택하려 했던 고정이 깨졌다. 길 없는 곳에 길을 만들었다. 새로운 길에 찬연한 햇살이 내려앉는다.

다시 페달을 밟는다

가을 나무를 보며

　입주를 했다. 내 생이 끝날 때까지 이곳에 살겠다고 마음먹은 집이다. 한 달여에 걸쳐 내식대로 꾸몄다. 벽을 빨강과 군청색으로 페인트칠하여 포인트를 주고, 여기저기 들락거려 소품을 사들여 장식했다. 꿈꾸었던 분위기로 만들어졌다. 뿌듯하고 좋았다. 거실의 창 너머는 시간을 바꾸어가며 다른 이야기로 액자가 걸렸다. 분수가 곁들인 수십 종의 크고 작은 꽃과 나무와 새들이 보내주는 선물이었다. 텃밭이 있고 덩굴장미, 까마중, 맥문동이 사는 둘레길 산책도 쏠쏠했다.

　새집을 만끽하는 만족감은 길지 않았다. 팽팽한 포만감도 몇 조금, 편안함에 균열이 생겼다. 에너지가 빠져나간 진공상태였다. 육신의 안락함과는 별개로 까칠까칠한 정신의 작동이 그리웠다. 아니 목말랐다. 집은 안락함에 묶인 유배지, 활기차고 빵빵했던 공간이 이분법적으로 변했다.

　가을을 앓는 것일까. 시간이 흐르면서 찬바람이 파고들었다.

마치 만선 뒤에 남겨진 검은빛 바다 같은 아득함이었다. 묘한 허기로 영혼이 메말라 버린 듯 방전상태였다. 번아웃 증후군이 온 게다. 물질이 삶을 지휘하여 초록이 빠져나간 모양이었다. 배가 부르다고 충족되는 것은 아니었다. 정신과 물질이 뫼비우스 띠처럼 상관관계로 공존할 때 균형을 이루어 짱짱해짐을 체감했다.

창밖에 젖은 가을바람이 불어왔다. 사람 욕심이란 게 한도 끝도 없는 것이라는 생각을 하며 겨울을 준비하는 나무를 물끄러미 바라봤다. 겨울로 가기 전의 나무는 우두커니 그저 서 있는 게 아니었다. 지나온 발자국을 기억하며 온몸을 뿌리로 집중한다. 그런 가을 나무를 보면서 시간에 찍힌 무늬들, 가령 욕망의 흔적과 무망無望한 슬픔과 그 틈새에 끼어 오가도 못하는 가망可望할 만한 것들을 죄다 끄집어냈다.

눈으로 보이는 것은 가을인데 가을이 없는 어긋남에서 오는 공, 욕망과의 거리두기를 해보지만 소용없었다. 아름다운 나비의 변신이 단순히 겉의 변화가 아니듯 진정한 채움은 외부가 아니라 내면에 있는 것이 분명했다.

뭉그적거리는 권태가 나른한 하품을 해댔다. 마음은 멀리 떠나고 싶은데 몸은 발목을 붙잡았다. 주저앉은 안일을 다잡아 일으켜 세웠다.

차 머리를 경주로 돌렸다. 전주에서 경주까지 3시간 남짓, 운전이 부담으로 작용했다. 잠깐 멈칫하다가 용기를 냈다. 동행을 구할까도 생각했지만 혼자가 더 좋을 것 같았다. 여럿은 즐거움은 주지만 타인에 가려져 나를 보지 못한다. 홀로의 여행은 오롯이 나한테 집중할 수 있어 풍요롭다.

낯선 곳에서 부딪치는 수많은 거울에 내 모습이 보였다. 혼자서 여행하는 것이 행복했다. 쉬엄쉬엄 걸으면서 끼웃끼웃 내식대로 해찰하는 맛이 꽤 괜찮았다. 보문단지 호수 산책길에서 낙엽을 실컷 밟았다. 낯선 카페에 들어 커피 한 잔에 책을 몇 시간째 보고, 저녁엔 K 동생을 불러 맥주를 곁들였다. 경주빵과 보리빵으로 주전부리도 하며 여유를 부렸다. 시간이 짧았다.

곳간의 상황에 따라 생각과 삶이 바뀐다. 채워지지 않은 마음의 빈칸을 그때그때 메꾸어야 안정감으로 산다. 허무와 권태는 풍요 속의 빈곤처럼 무엇을 당기려 허우적거린다. 괘종시계에 밥을 주듯이 지루한 일상에 주기적인 영혼의 밥을 주어야 했다.

그렇다. 이유인즉슨 안락함에 취하는 동안 글은 줄행랑치고, 정서는 녹슬고, 집중력은 늦고, 의식마저도 파리해짐에 막막했던 것이었다. 책상머리에 앉아도 재 넘은 술처럼 글이 써지는 시기가 지나버렸다. 탈출할 수 없는 감옥에서 소진되어버린 글쓰기, 오랫동안 방목해서 막연하기만 할 뿐 어떤 글줄도 허용하지 않았다. 정서가 검불처럼 메말라 갈바람에 휩쓸려 나갈 것만 같았다. 예술인들에게 흔히 나타난다는 주관적 고통이란 게 나에게도 온 것이었다. 글쓰기가 곁들여지지 않은 일상은 오래지 않아 허기와 갈증이 괴로웠다.

　안락한 공간만 생기면 충분한 행복일 줄 알았다. 한데 그것은 부분이고 잠시였다. 외피의 편안함만으로는 필요충분조건이 되지 못했다. 환경의 풍요 뒤에는 거꾸로 가는 정신의 가난함이 고개를 들었다. 몸살은 현실 안주에 채찍질하는 몸짓이었다. 여행은 지지부진한 일상을 보상받을 수 있는 일종의 기부채납과 같은 것, 삶이 팍팍할 때는 떠나는 것이 단비다.

　가을이 절정이다. 내 몸에도 농익은 가을살이 통통하게 쪘다.

오영석 作

주황 예찬

번잡한 도회를 걷는다. 사람들의 옷색이 갖가지다. 하양, 푸른, 초록, 검정, 코발트, 연노랑……. 옷색만 그런 게 아니다. 건물에 매달린 광고판도, 심지어는 행인들의 표정마저도 각색이다. 참으로 놀라울 일이다. 얼굴에서 색을 읽다니! 한 여성이 잘 차려입고 거리를 걷는다. 그런데 그녀의 옷색이 한결같이 주황이다. 지나치는 사람들이 '아유, 뭐야? 웬 주황? 정말 촌스럽네.' 동행한 다른 여성이 말을 잇댄다. '어머 자기가 뭐 왕비나 되는 줄 아나 봐.' 수군거리며 눈을 흘긴다.

이 사람들의 눈 핀잔은 디자인이 아니라 옷색으로 말미암는 것 같다. 같은 주황색인데도 생각이 다른 건 무슨 이유일까? 주황색이 애초에 이란성 쌍둥이로 태어나서 '아' 다르고 '어' 다를까? 아니면 그걸 보는 사람들의 취향으로 호불호가 갈릴까? 우연히 목격한 거리의 풍경이 내 옷장과 겹치면서 글을 일으켜 세웠다. 주황? 그냥 색이잖아. 그런데도 색에 대한 느낌은 제각각이다.

세상이 해석으로 존재한다는 니체의 말이 이마를 긋고 간다.

어느 날 옷장을 열어보고는 놀란 적이 있었다. 옷장에는 주황 일색의 옷이 치렁치렁 걸려 있었다. 윗도리, 아랫도리, 원피스, 심지어는 머플러마저 주황이었다. 아니, 내가 주황과 짝사랑을 하고 있었다니? 나는 왜 그런지 솔직히 모른다고 말할 수밖에 없다. '내도 내를 어쩌지 못허라', 사십 중반쯤 되어 보이는 시골 여인이 맘에 둔 사내에게 속정을 이런 말로 털어놓았다. 내가 꼭 그렇다. 그러니 여인의 말은 나에게도 유효하다. 정말 모를 일이다. 하고많은 색 중에서 하필 주황일까?

현란한 색채의 시대에 사는 현대사회에서 주황은 이목을 끌지 못한다. 색의 나라라고 하는 일본도 주황은 잘 쓰지 않는다. 혹여 너무 신성한 색이라고 여겨서 그렇지는 않은가? 왠지 촌스럽고 세련미가 없어 보이기에 그럴 수 있다. 과연 촌스럽고 세련미가 없을까. 본격적으로 주황과 한판 열애를 한다. 해서, 촌스럽든, 세련미가 없든 주황을 사랑하련다. 아니 미래형이 아니라 현재형이다, 사랑한다! 최소한 주황의 정체나 알고 덤벼야겠기에 들여다보았다.

주황은 땅의 색이다. 땅은 생명의 근원이다. 이런 논법으로 말하면 주황은 근원의 색이다. 굳이 신화를 꺼내지 않아도 땅은 대지 모신 또는 위대한 어머니로 인식되었다. 중국이나 조선의 통치자는 땅의 색을 입었다. 이상적인 통치자는 땅처럼 대지의 모든 것을 생산해내는 일을 우선해야 하기 때문이다. 임금은 백성을 하늘로 삼고 君, 民以爲天, 백성은 먹는 걸 하늘로 삼는다. 民, 食以爲天. 먹어야 살고 살아있는 백성이 있어야 군주도 있는 법이라서 이를 치세의 종지로 삼는다. 그러하면 백성이 편하다.

　편안함을 도모하는 군주가 통치 질서의 중심이듯, 주황은 우주 만물의 중심이다. 현무, 백호, 주작, 청룡 네 방위는 색으로 표상한다. 동서남북의 기준점은 당연히 중앙, 이게 주황의 색채 언어다. 그래서 통치자의 복색이 주황이다. 그렇다면, 과연 주황은 촌스러울까? 차라리 왕비 운운한 사람이 더 깊어 보인다.

　그건 그렇다 치고, 촌스럽다는 말도 유감이다. 촌스러운 게 어때서? 촌스러움은 그야말로 질박한, 순수한, 자연미가 있는, 좋은 의미를 함유하고 있지 않은가? 그렇다면 이참에 주황으로 몸을 두르는 촌스러운 여자가 되고 싶다. 질박하고 순수하며 자연미가 돋는 그런 여인이고자 한다. 그래서 주황을 사랑한다.

　주황을 사랑하는 또 하나의 이유를 굳이 추가하면 이렇다. 세상이 차갑게 구성되었더라도 나는 온기를 좋아한다. 그것도 다소 헐렁한 온기였으면 한다. 주황은 빨강처럼 강렬한 뜨거움도 아니고 그렇다고 파랑처럼 영 쌀쌀맞은 찬 색도 아니다. 빨강과 파랑 두 색의 교집합, 점이漸移의 색이 바로 주황이다. 그러므로 주황은 다소 헐렁한 따뜻함이 묻어있는 색이다. 세상이 이 주황의 언어를 경청하면 다소 따스해지지 않을까?

글은 꿈이다. 역설적으로 꿈이 현실이 되도록 주문하는 기호의 덩어리가 글이다. 이런 의미에서 주황을 무진장 사랑하련다. 촌스럽다고 손가락질을 해대는 사람도, 제가 뭐 왕비나 되나? 이죽거리는 사람도 주황색의 옷을 권하고 싶다. 그래서 세상에 헐렁한 온기가 가득 차길 꿈꾼다. 그 꿈이 실현되기 위해 오늘도 주황 일색의 옷을 걸치고 도회로 나간다. 어떤 이는 무춤하게 보는 이도 있고, 그러거나 말거나 제 갈 길을 재촉하는 이도 있다.

사르트르던가? 타인의 시선은 감옥이라고, 다소 폭력적인 언어인 이 말을 나는 귓바퀴에 스치는 바람처럼 버려 버렸다. 내가 있지? 주황을 이토록 사랑하는 건, 우리가 세상의 중심이고, 이 차끈한 세상에 다소 헐렁한 온기 한주먹은 지니고 살아야 한다는 믿음 때문이야. 그래야 살맛 나는 세상이 되지 않겠소? 라고 색채 웅변을 하기 위해서다.

쇼윈도우가 시선을 잡아당긴다. 박제된 마네킹이 예뻐서가 아니다. 세련된 디자인의 외국산 명품이라서가 아니다. 바로 주황색의 의상이 눈을 잡아당겼다. 아니, 정확히 말하면 영혼을 끌고 갔다.

쇼윈도우가 잡아당기는 발길을 어쩔 수 없어 문을 열고 들어갔다. 대뜸 주황색 옷을 손으로 가리켰다. 어머? 사모님? 진짜 세련되셨어요! 나는 정색하며 되묻는다. 정말 알아요? 네? 정말 주황색이 좋은 이유를 아시냐고요? 쥔장은 입을 열지 않았고 대신 부지런히 마네킹의 옷을 벗겨 입힌다. 그리고는 자연스럽게 거울을 앞에 놓는다.

　나는 거울을 보지 않았다. 마음속에 걸어놓은 거울이 이미 승낙했으니까. 쾌히 옷값을 지불하고 상점에서 나왔다. 쥔장의 토끼 눈이 내 뒤통수에 꽂힌다. 그러거나 말거나 입가에 노래 한 가락 물고 도로를 걸어간다. 주황 옷이 꽂인 양, 나비가 어깨 위에 앉아서 떠날 줄을 모른다.

　노을이 흐벅적하게 서녘에 자리를 깔았다. 오늘 나는 흡족할 정도로 주황을 외식했다.

주황예찬

오영석 作

주황색을 좋아하면서 행복해졌다

변했다. 음악이, 음식이, 성격이, 좋아하는 색깔이. 소싯적에 터부시했던 유행가에 눈시울이 젖고, 한식당으로 발걸음을 옮기고, 접었던 날개를 퍼덕인다. 그중에서도 나를 지배하며 눈에 띄게 달라진 것이 색깔이다.

언제부터인지 기억이 설핏하지만, 무채색의 삶이라고 인식되었다. 색감과 채도가 없는 회색이나 베이지가 나의 빛깔이었다. 색깔은 세월의 수순을 밟지 않고 지배했다. 유채색으로 산 기억이 떠오르질 않는다. 초록이어야 할 때도 회색이 포위했다. 침묵의 시간이었다. 그것이 본연이라 생각했고, 다행히 젊었으니 그런대로 칙칙하지 않게 세월을 넘겼다.

맛보지 못한 초록이 못내 그리웠다. 늦게나마 색을 내보려고 부단히 애를 썼다. 근처라도 가보고 싶었다. 한데 주황을 좋아하고 있는 나를 보았다. 회색이 주황을 키워내고 있었음이다. 무채색에서 유채색으로 이전이다.

주황을 좋아하면서 내성이 외성으로 변했다. 일상에 태양이 비치면서 에너지가 상승해 주황을 좋아하게 되었는지, 주황을 좋아하다 보니 생활이 환해졌는지는 알 수는 없다.

햇살이 들어 자연스럽게 빛의 색으로 자리를 옮겨갔을 수도 있고, 초록의 시간이 흘러버린 허망을 채우려는 몸의 욕구에 주황이 왔을 수도 있다. 아니다. 황혼을 불태우고 싶은 욕망의 다른 표현일지도 모르겠다. 어쨌든 주황색을 좋아하면서 나는 행복해지기 시작했다.

주황은 단순한 색깔이 아니다. 따스한 햇볕이 스며든 오후의 정원이다. 잃어버린 시간 속으로의 여행을 가능하게 해주는 시간 여행자. 시각적 자극을 넘어 존재로서 자신을 드러낸다. 생각과 행동의 그림자를 비춘다. 그렇게 보면 색은 바로 그 사람일 수도 있다.

정체성의 상징이며 나름의 개성이다. 보이는 것은 표면이겠지만 이면에 수많은 삶이 함의되어 있다. 생의 공간을 뒤적여봐야 배경은 설명된다. 속은 붉어 몸살인데 바깥이 차가우면 도자기의 식은태처럼 빙열현상이 일어난다. 마음이 가면 몸도 함께해야 하는 것, 몸도 마음도 주황색을 닮아간다.

백화점이다. 저만치서 주황 옷이 시선을 빼앗는다. 반사적으로 들어간다. 주황이라서 맘에 든다. 끌림이 있다 보니 집으로 들이는 일이 잦다. 어지간하면 새 식구로 입주시켜도 후회하지 않는다. 초록이나 파란색은 겉돌아 얼굴이 우중충하다. 빨강이나 주황은 반지르르한 맛은 없지만, 피돌기가 돈다. 유치찬란하게 눈에 띄어도 상관하지 않는다.

주황을 만나면 하냥 설레어 꼼짝 못 하겠는걸 어찌하랴. 내면이 주황을 끌어당기기 때문이 아닐까 싶다. 그러나 개성의 시대라고는 하지만 도드라지면 모가 나기 마련이다. 모서리를 채도가 낮은 평미레로 깎아야 한다는 것을 마음에 두면서 좋아하련다.

어느덧 겨울이다. 멈추지 않는 시간은 속절없이 겨울을 데려왔다. 창밖에 홍가시나무가 눈길을 잡아당긴다. 무더위를 갈맷빛으로 살다가 추워지니 주황 옷으로 갈아입었다. 그는 바람이 불면 춤출 수 있어 좋다 하고, 눈이 오면 하얀 옷을 입어 좋다 하고, 혹한이 오면 정신을 차리게 해서 좋다 하며 겨울을 즐긴다. 그런데, 홍가시나무는 이 겨울 왜 주황색 옷을 입었지?

문을 활짝 열고 이제는 하고 싶은 대로 해도 된다고 주문을 건다. 정신만 고귀하게 여겨 육신을 먹이지 않으면 언젠가는 영·육이 함께 주저앉는다. 실질적인 세계를 지배하는 것은 본능이고 충동이다. 충동과 본능에 귀를 기울인다.

가뭇없이 펼쳐진 사막의 끝에는 무엇이 기다리고 있을까. 나를 벗어난 나는, 태양이 빛나는 자연에 열광하며 달리고 달린다. 금방 닿을 것 같아 신기루를 향해 질주해보지만 달려온 만큼씩 멀어진다. 아무리 가도 딱 그만큼의 거리를 만드는 신기루, 도달했는가 싶으면 몸을 사리며 저만치 달아난다. 그놈 참, 아리송하다.

속고 속는 게 인생살이일까? 내일을 위한 오늘은 허상일까. 로고스의 씨앗처럼 신기루를 만날 수가 없었다. 붙잡으려 하면 떠나버리는. 금방 닿을 것 같은데 다가갈수록 안개처럼 사라지는. 그런데도 유토피아, 이상향에 돛을 달고 무한 항해한다.

인생은 어쩌면 영원히 신기루를 좇다가 죽는지도 모르겠다. 가도 가도 끝이 없는 그 길, 꿈을 꾸며 산다. 살아있는 한 본능적으로 끊임없이 인생의 텃밭에 사과나무를 심으려 바동거린다.

어제는 지나갔고 내일은 오지 않는 미래다. 산 너머 저쪽 행복을 기대하지 않기로 한다. 행복은 과거도 미래도 아니다. 처한 곳에 의미부여 하고 지금 행복하면 된다. 시간과 공간과 사람이 현재에 있다. 괴로워도 슬퍼도 행복해도 그 모두가 소중한 오늘이다. 살아있음이 축복이고 가치이다. 바로 이 순간이 영원이다. 가장 파괴적인 단어가 나중이고 가장 생산적인 단어가 지금이라 했다. 즉시현금卽時現金 갱무시절更無時節이란 말이 있듯이 그렇다. 모든 게 지금이다.

청승맞게 가을비가 내린다. 넋을 놓고 창밖 빗줄기를 바라본다. 생각지도 않은 중년의 러브스토리〈매디슨 카운티의 다리〉의 빗속 재회와 이별 장면이 콕콕 지나간다. 나이 든 고독한 떠돌이 사진작가 독신남과 진정한 사랑에 문이 열린 여자, 이들은 별안간 만남으로 단숨에 서로에게 빠진다. 그토록 애틋할 수 있을까. 고작 나흘간의 사랑이지만 지지부진한 평생의 사랑을 능가한다. 온몸으로 사랑하지만 결국 헤어짐을 선택할 수밖에 없는 아름다웠던 둘만의 진실을 평생 간직한다. 선택과 선택하지 않은 또 다른 갈림길. 생뚱맞게 떠오르는 이 로맨스는 뭘까?

　미래를 염려하느라 현재를 잃는다. 더러는 나중을 위해서 그리했노라고 말한다. 살아보니 나중은 없는 것 같다. 이 순간도 이 순간에 사라진다. 지금이 모여 미래가 된다. 원하는 대로 살면 그것이 쌓여 일생을 바람대로 산 것이 될 것이다. 끓어오르는 것, 욕망하는 것 그때그때 표출하며 사는 것도 좋지 않을까.

　보편적으로 걱정하지 않는다. 아니면 말고 하는 식으로 배짱 좋게 긍정적이고 편안하게 받아들인다. 걱정이나 고통이 와도 잠시라고 믿는다. 세상사 일체유심조다. 마음이 마음을 만든다. 편안한 마음은 누가 주는 것이 아니다. 모든 것은 자기 몫으로 내가 만들어간다. 잠시 타인의 위로가 위안이 되겠지만 결국 해결해야 할 사람은 나다. 복도, 화도 자기에게서 나오고 짓는다.

　나는 주차 운이 좋은 사람이다. 복잡한 주차장에서도 나를 위해 비워둔 것처럼 자리 하나가 남아있다던가 빈 곳이 없어 뒤돌아가려하면 기다리고 있었다는 듯이 차 한 대가 자리를 비켜줘 깜짝깜짝 놀란다. 그럴싸 그러한지, 주술이 작용하는지 소름이 끼칠 정도로 신기할 때가 많다.

　걱정을 미리 끌어오지 않는다. 의미 있다고 판단되는 일과 하고 싶은 일을 하며 살다 보니 화창해진다. 조금만 걸어나오면 되는 것을 오랜 세월이 걸렸다.

　할 일이 태산인데도 콧바람이 그리우면 하던 일 멈추고 대문을 나선다. 좀 미루어진다손 그게 무슨 대수랴. 지금이 최상이면 되는 것 아닌가. 진즉 이렇게 살았어야 했다. 그나마 지금이라도 알았다는 것은 오랜 시행착오를 거쳐 나름대로 터득한 덕분이다.

  계산적으로 보면 불가능이 가능으로 버젓이 이어진다. 경제생활이 그렇다. 주판알을 굴리면 마이너스가 되어 파산해야 마땅하지만 도산하지 않고 그런대로 산다. 이거 참, 신기하다. 희한하게도 화수분이 되어 메꾸어진다.

  사랑과 행복이 상상의 산물인 것처럼 인간은 자신이 만든 카테고리 속에서 미래의 행복을 향한다. 허상이라도 상을 정립한다는 것은 살아가는 이유이기도 하다. 신기루는 온도와 습도의

영향으로 덥고 찬 공기가 만들어 낸 굴절 현상의 하나이지만 낭만과 꿈으로 변주된다. 이렇듯 느낌 하나가 행복일 수도 있고, 아롱아롱 저 멀리 피어오르는 아지랑이에 잠깐 멈출 수 있다면 그것 또한 행복이다.

무던히도 미망에 갇힌 무엇을 욕망했다. 환이었다. 어디에 있었으면 하고 기대하며 불안한 희망을 품었다. 무한정 꿈 너머 꿈을 야심 차게 가져보기도 했지만 이젠, 어디를 향해 달려가기보다는 그저 편안함이 좋다. 마음을 비우니 가지고 있는 것들이 크게 보인다. 앞으로는 주변에 널려있는 행복을 주워가며 살련다. 내일 행복할 것이 아니라, 오늘 행복하게.

환幻

허망하여라

    과거는 두툼이 쌓이고 미래는 얇아 언제 사라질지도 모르는 바람이 불어온다. 바람의 시원과 종말은 어딜까? 어디에서 불어오고 어디에서 끝나는가? 생하고 멸하고 다시 살아나 불어대기를 반복하다가 소멸하는 그곳에 무덤을 만들까? 그 무덤에서 꽃 한 송이 피었다가 그마저도 끝내 사라져버리는.
    우리는 어디로 사라지는 걸까. 부모님은, 항암을 하다 저승에 간 언니는, 오빠는 또 어디로 갔을까? 헤아릴 수 없는 그리운 얼굴들, 도대체 어디에 있단 말인가?
    화장을 기다리며 운구차가 줄지어 있다. 올해 들어 시누이가, 큰언니가, 시숙님이 가셨다. 얼마 전 또 한 인연을 창졸간에 떠나보냈다. 나누어야 할 사랑 아직 많은데 참척의 아픔을 남겨 놓고 홀연히 떠났다. 만남은 헤어짐을 전제하는 것이라지만, 허망하다는 말밖에 다른 말을 찾아내지 못하겠다.
    피할 수 없는 죽음인 줄 알지만, 쉬이 받아들여지질 않는다.

같이 밥 먹고, 같이 세상을 논하고, 같은 달을 바라봤던 사람이 오늘은 없다. 마지막 체취를 흡입하여 기억한다. 상실의 아픔을 안고 살아야 하는 참담함, 그들의 생전 모습이 어른거린다. 충분히 사랑하지 못한 후회가 가슴을 친다. 돌이킬 수 없는 지난날의 아쉬움, 하여 더 애잖다. 살아남은 자가 애도해야 하는 몫이다.

타인의 죽음은 무엇인가를 생각하고 배우게 한다. 삶의 가치를 돋보이게 만드는 배경이자 거울이 된다. 상실을 부정해도 어쩌지 못할 때는 수용하라는 뜻이겠다. 그 값은 어느 것하고도 견줄 수가 없다. 그것은 영원성을 띠고 없어지는 것이다. 나는 마음이 힘들 때, 절망의 늪에 빠질 때, 몸이 고통스러울 때 생명의 가치와 비교한다. 폭풍이 몰아치는 극한 상황이 와도 죽는 것하고 비교하면 우리의 고민은 아무것도 아니다. 잃은 목숨은 다시 돌이킬 수 없다. 죽음을 생각하면 그 무엇도 뛰어넘을 수 있다.

재가 다시 기름이 되듯이 죽음이 끝이 아니라 시작이라고들 하지만 죽어보지 않아서, 죽은 자가 다시 오지 않아 내겐 의문형이다. 내세는 무명에 쌓인 우리 인간들의 희망 사항인가. 지난가을 목놓아 울던 귀뚜라미는 도대체 지금 어디에 있는가?

삶의 끝에 죽음이 있다는 불변, 범상한 숲 한가운데 죽음의 덫이 놓여있다. 언제든, 누구에게든 다가온다. 그 죽음은 아무것도 생성할 수 없는 무다. 살아 있는 것에 감사해야 하는 이유다. 자생으로 움직일 수 있다는 사실은 참으로 존귀하고 아름답다. 실

오영석 作

다시 페달을 밟는다

 존주의 칼 야스퍼스는 '왔지만 온 곳을 모르고, 있지만 누구인지도 모르고, 가지만 어디로 가는지도 모른다. 죽을 것이지만 언제 죽을지 또한 모른다.'라고 했다.
 그렇다. 그런데도 뒤를 돌아보지 않고 마구 질주하며 영혼이 따라오건 말건 무한정 앞으로만 나간다. 살아있는 한 많은 것을 손에 쥐고자 악착같이 기웃거린다. 내가 누구인지? 어떤 의미의 삶을 살고 있는지? 본질적인 성찰은 뒷전이고 그저 열심히만 산다. 공수래공수거라 하지 않은가. 수의에는 호주머니가 없었다. 관 위에 하얀 국화꽃 한 송이가 놓였을 뿐이었다.
 죽어버리면 끝인가? 아무리 불러도 대답도 없고 볼 수도 없는 단절이다. 영혼은 있기나 하는 것인가. 있다면 어디에? 소통할 수 없는 영혼이 무슨 소용이 있는가. 결국, 죽음은 산 사람의 기억 속에 희미한 잔상을 남길 뿐 소멸이다.

사랑하는 사람을 떠나보낼 때는 세상을 잃은 듯 절절하다. 아무리 불 서럽고 애가 타도 세월은 흐른다. 슬픔은 망각의 순기능으로 시간의 지배하에 옅어진다. 점층적으로 가늘어진다. 허망이다. 인연의 정도에 따라 한정된 유효기간이 머물 뿐 잊힌다. 하여 잘사는 것은 나를 영원히 살아가게 하는 방법이겠다. 영원을 얻어 이승에서 저승으로 가는 환승 열차를 타고 여행하듯 떠나야 한다.

인생은 어떻게든 흘러가고 죽음을 맞는다. 아무리 쌓아도 수집할 수 없는 그 길, 죽음이라는 거대한 자연현상 앞에서 누구인들 자유로울 수가 있으랴. 어떻게 살든 마지막에는 죽는 일만 남는다. 멀리서 목탁 소리 따라 발맘발맘 걷다 보니 금세 절간이라는 말이 있다. 지금도 지구상에는 수많은 사람이 저승으로 간다. 한 치 앞을 모르는 생의 무상함. 덧없는 게 인생이다. 그러나 죽음도 삶의 한 요소라 생각하면 조금은 위로가 될까.

가을이 깊어간다. 죽음의 옷을 갈아입고 물기까지도 다 말려가고 있는 낙엽. 저승 가는 길이 가볍다. 나는 어떻게? 라는 질문을 한다. 또 무엇을? 하고 묻는다. 어떤 것을 건너가고 어떤 것을 껴안아야 하는지?

멘토, 빛으로 스미다

해거름이다. 서창으로 비껴드는 놀이 붉다. 놀 빛을 몸에 두른 주황꽃 군자란에 눈길이 간다. 아, 저 꽃! 꽃이라서 감탄이 나오는 게 아니다. 저녁놀과 합작한 꽃이 화려해서 그런 것도 아니다. 삶의 목적이 빛으로 스며있기 때문이다. 구석진 자리에서 마음만 동동대던 어느 날, 손을 내밀었던 꽃, 손길은 생의 여정에 잠시 스치는 스톱오버가 아니었다. 도달해야 할 목적지가 그로 인해 만들어졌다. 그는 가고 없는데 온기는 여전히 따뜻하게 둥지를 튼다.

금세 저녁 어둠이 노을을 삼키자 실내는 어둑서니가 되었다. 모처럼 촛불을 켠다. 꽃을 보며 그리운 얼굴 하나 가져온다. 동굴의 수인이었던 나에게 손 내밀어 주셨던 분, 아득한 지평을 열어주신 분, 촛불처럼 심지를 돋워 사위를 밝혀주신 분, 그 불빛으로 세상을, 문학을 볼 수 있었다.

글 집을 이루지 못하고 끙끙댔다. '이제 이 선생도 책을 엮어야지.' 하시며 선뜻 작품 평을 써주시겠다고 하신다. 정오의 태양에 눈이 부셨을까? 감사의 언어를 목울대에 밀어 넣었다. 글을 내밀기가 부끄러웠다. 문학은 그의 영토에 누구나 거주를 허락한다며 위로해주셨다.

애면글면 책이 나왔다. 어쭙잖은 책 출간에 성찬까지 마련해 주시다니. 많은 문인, 내로라하는 분들을 초대해 문학적 장도를 축하해 주셨다. 가족과 몇몇 친구가 고작이었던 평면적인 삶은 입체적으로 변하기 시작했다. 문학과 예술의 영토에 거주민이 되었다. 문학은 실재를 재료로 하지만 내 안에서 재구성하는 허구이다. 이 평범한 사실마저도 닷곱장님이었던 내게 등불이었고, 무지의 문을 따준 열쇠였다.

평론가답게 매사에 분석적으로 자신의 언어를 세우셨다. 언어의 집을 지탱하는 척추가 반듯한 논리였기에 다른 이들이 의견을 수긍할 수밖에 없었다. 해박한 지식과 사물을 바라보는 지혜의 눈빛은 햇살 받은 꽃잎이었다.

대학교수였지만 교수님이라고 칭하면 대학에서 교수였지 문단에서 무슨 교수냐고 선생님으로 불러라고 하셨다. 겸손과 청빈한 마음으로 자신을 낮추면서 상대를 윗자리에 앉혔다. 그리고는 해맑은 미소를 지으셨다. 큰 어른이신데도 앳된 모습이었다. 부럽기도 하고, 한편으로는 존경심이 포획하곤 했다. 동굴 밖을 구경하면서 경탄하다가 선생님의 동굴 안에 갇힌 수인이 되어버렸다.

 붕새가 날아갈 때 크고 작은 뭇새가 따른다고 해서 붕鵬이라고 했던가. 선생님의 그림자는 하나가 아니었다. 끄리끄리한 문인들이 함께했다. 평생 외롭지 않을 것 같았다. 그런데 천둥소리가 들려왔다. 하늘 허물어지는 듯한 놀라움에 멍했다. 공기가 사라지기라도 한 듯 숨이 막혔다. 숱한 지적 다발을 물리치고 고독의 방에서 홀로 숨을 고르셨다. 물 울타리가 섬을 이루듯, 찾아온 병마로 섬이 되셨다.

 병문안을 갔다. 죽음과 대면하며 실골목 같은 생의 길을 힘겹게 열고 계셨다. 파리해진 얼굴과 수척한 외모가 푸른 가을 하늘을 이고 있는 쭉정이처럼 보였다. '여름이 지나면 가을이 오는 거여. 슬퍼하지 마.' 모로 누워계신 몸피에서 절망이 보였다. 시든 꽃잎이 바람에 금세 지고 말 것만 같았다. 삶에서 빛이셨던 선생님도 시간에 의해 허물어지시는구나. 북받쳐 오는 슬픔을 꾹꾹 누르며

 "어쩌자고 이리 계셔요. 세상이 궁금하지 않으셔요?"

 그러자 열없이 웃기만 하셨다. 그리고 얼마 후 지상을 떠나셨다.

 어느 봄날, 화원 앞을 지나다가 꽃이 예뻐 무심코 샀다며 화분을 건네주셨다. 키 작은 주황꽃을 매달은 군자란이었다.

 "아이고 선생님, 제가 주황색을 좋아하는지 어떻게 아셨어요.

선생님이 꽃을 사시다니요."

 나는 졸지의 일이 만들어 낸 시간의 공백을 이 말로 징검다리를 놓았다. 영락없는 소년이셨다.

 촛농이 닳아지면서 사위는 점차 어둠의 벽으로 두꺼워진다. 열과 빛으로 태어나는 꽃. 햇수를 더하면서 큰 화분에 옮겨진 군자란은 올봄에도 얼굴을 열었다. 선생님도 군자란꽃처럼 다시 필 수 있다면…….

 주황의 군자란은 그렇게 어둠 속에서 홀로 빛나고 있다. 언제나 빛을 발하며 열띤 삶을 살 것을 종용한다.

 선생님은 학자며 선비며 문단의 어른이셨다. 떠나시고 난 뒤에서야 참 스승이며 멘토였음을 알게 되었다. 스승 없는 제자는 위험하다고 했던가? 멘토가 그립다. 문학이 되었든, 인생이 되었든 누군가가 인도해준다면 생이 환하겠다. 정신의 푯대가 되어 몽매함을 일깨워주고, 생의 나침판이 되어줄 길잡이를 만나 겨울 소리를 내고 싶다.

내 안에 노래가 있어

남들 앞에서 노래한다? 물음표를 단 것은 내겐 낯선 일이기 때문이다. 학창 시절 음악 실기시험을 보면 홍당무가 되어 한 소절을 넘기기 어려웠다. 노래를 좋아해 학생 애창 600곡 집을 옆구리에 끼고 다녔으면서도 그랬다.

이변이 벌어졌다. 어느 문학제 뒤풀이에서 순서대로 노래하게 되었다. 차례는 점점 가까이 다가왔고 가슴이 콩닥거렸다. 졸자라 피할 수도 없는 처지였다. 술이 마법을 일으켰을까? 남들처럼 노래를 할 수 있었으면 하는 바람이 따라다녔던지라 밑바닥 용기까지 끌어냈다. 나비가 고치를 벗고 세상 밖으로 날아오르듯 부끄러움이란 껍질을 부수고 노래를 불렀다. 〈고향의 노래〉였다. 딴 사람의 노래가 흘러나왔다. 메조소프라노 미성에다 음의 폭이 그리도 넓을까. 이런 목소리가 들어있었다니 놀라웠다. 품어내지 못한 억눌린 것이 분수처럼 솟았던 모양이다. 옆 테이블에서 맥주를 보내주는 놀라운 장면이 펼쳐졌다.

양심껏 말하지만, 노래를 잘하지 못한다. 그날의 이변 이후 그처럼 노래를 잘 불러본 적은 한 번도 없다. 여전히 기분에 따라 엿가락처럼 왔다 갔다 하고, 흥이 날 때만 겨우 노래가 된다. 흥이 아무리 나도 〈고향의 노래〉 이외의 것은 잘하지 못한다. '호가도 창창이면 불락'이라 했으니 어디서든 같은 노래만 불러대어 듣는 사람이 지겨웠을 것이다.

유흥 판에서의 가곡은 보름달 환한 밤에 비 뿌리는 격이고, 사적인 이야기를 광장에서 해대는 꼴이다. 노래를 잘한다면 버들가지 바람 타듯 나긋나긋 언제 어디서나 어떤 장르든 부드럽게 해내야 하지만, 분위기와 컨디션에 따라 주식 등락만큼이나 오르락내리락하니 헛치기가 언제 날지 불안하다.

크리스마스였다. 성가대원들이 특별 노래를 원어로 불렀다. 연습이 부족했는지 떫은맛이 났다. 열심히는 하는데 억지 노래로 들려 계속 거슬렸다. 구세주 탄생을 찬양하는 미사는 지루해졌고 잡념이 머리를 들이밀었다. 혼자만 목울대를 세운다고 생각하니 낯이 뜨거웠다.

음정 박자가 정확하고, 고음과 저음을 자유자재로 오가며 리듬을 타고, 기교도 더해져야 노래를 잘한다는 소리를 듣는다. 난

음치까지는 아니지만, 음감이 섬세하지는 않은 것 같다. 흥으로 질러대는 노래에 말치레 칭찬을 할 수도 있는데, 곧이곧대로 믿고 시키면 한다. 어린아이가 잘한다고 부추기면 진짜 잘한 줄 알고 재롱을 피우듯 용춤을 춘다.

생각해보면 염치없는 짓이다. 다시는 하지 말아야지 후회하면서도 돗자리가 깔리면 속 다짐은 줄행랑치고 우를 범한다. 늘 귀퉁이만 차지하는 내가 싫어 노래로라도 자신감을 키워보고자 했던 욕망이 아직도 꿈틀거린다.

어쨌거나 나는 노래를 좋아한다. 대화를 나누다가 노래와 연관된 낱말이 나오면 노랫말이 차고 올라와 나도 모르게 흥얼거린다. 내 안에 노래가 있음이 분명하다. 이른바 귀 벌레 현상(Ear Worm)이다. 좋아하는 것은 잘하고 못하고 상관없이 끌림으로 하냥 하고 싶어진다.

회식 후 으레 노래방에 갔던 시절이 있었다. 이젠 문화가 바뀌어 커피집엘 간다. 거기에 코로나로 사회생활이 몇 년 동안 감금되었다. 집에서 흥얼거리는 방구석 노래 말고 유흥을 즐기며 목청껏 노래해 본 지가 언제인지 가물가물하다. 나이까지 더해졌다. 목에 더께가 한 꺼풀 낀 듯 말소리마저 웅얼거린다. 노래도 도망쳐버린 듯 입에서 뱅뱅 돌기만 한다.

뭔가를 잘한다는 것은 생에 주어진 풍요다. 잘하려고 애쓰는 것도 풍요일 수 있다. 잘하면 좋겠지만 못해도 즐거우니 실컷 노래하고 싶었다.

"두드려라. 그러면 열릴 것이다."

소망이 주술로 발휘되었는지 썩 괜찮은 가곡 교실을 소개받았다. 얼른 발을 담갔다.

일주일에 두 시간, 하고 싶었던 노래를 부른다. 재미있으니 눈 깜짝할 사이에 시간이 간다. 때로는 감성이 작용해 마음속 어떤 서러움이나 아름다움이 일어서 눈물이 핑 돌아나간다. 학창 시절 음악 시간처럼 좋다. 벌써 6개월째다.

가르치는 선생님의 권유에 따라 가사를 필사한다. 공책에 옮겨적으니 응집된 노랫말이 서정시다. 가곡은 시를 노래하는 것, 한 소절 한 소절 그림을 그리듯 노래를 부른다. 좋아하는 것 중 최상으로 꼽는 바느질만큼이나 즐겁다.

노래하고 춤추고! 내 인생이 어깨를 툭 치며 조용히 말을 건넨다. 행복하단다.

무한정 꿈 너머 꿈을 야심차게 가져보기도 했지만
이젠, 어디를 향해 달려가기보다는 그저 편안함이 좋다.
앞으로는 주변에 널려있는 행복을 주워가며 살련다.

2

큰 것은 아래가 되는 것입니다

결을 읽다

아롱이다롱이다. 한배에서 나왔건만 우리 형제들은 닮은꼴이 없다. 바로 위 언니가 식당을 하는데 서로의 삶이 낯설어 오랜 세월 각자도생하였다. 이런 걸 비각이라고 하던가? 어지간히 티격태격했었는데 싸우면서 들었던 정이 이제야 왔을까, 요즈음은 손잡는 일이 많아졌다. 언니는 밑반찬과 푸성귀까지 심심찮게 챙겨준다.

얼마 전에는 황석어를 겨우 벗어난 듯한 간간한 조기 몇 마리를 보내왔다. 뚝배기에 청양고추, 대파를 숭덩숭덩 썰어 넣고 고춧가루를 뿌려 졸였다. 짭조름한 깊은 맛이라니, 밥도둑이 따로 없다. 고봉밥 한 그릇을 단숨에 먹어 치웠다. 이 맛을 독식하기엔 떠오르는 사람이 많다. 통크게 한 상자를 주문했다.

택배가 도착했다. 혼자서는 움직이기도 버거운 얼음덩어리다. 나무상자의 두꺼운 갈색종이 포장지를 뜯었다. 비린내가 코안으로 확 돌진했다. 조기 새끼들이 한 몸이다. 벼락처럼 닥쳤을 생의 절망이 두려워 서로를 껴안아 엉켰음이다. 마지막까지 바다를 끌고 다녔을 꼬리와 수중의 속도를 재단하였을 지느러미를 접착제 삼아 동체로 동여맨 듯하다.

생명체의 죽음은 멈춤이다. 멈춤은 존재의 본질을 잃고 부패한다. 퀴퀴한 비린내는 시간이 지날수록 마치 연기가 퍼지듯 온 집안을 장악했다. 죽음의 냄새는 왜 악취가 날까? 향기로울 수는 없는가? 생선의 냄새를 통해 나의 죽음도 되잡아 보았다. 삶이 어떠해야 할지를?

비릿한 호흡을 내쉬며 상자 언저리를 칼끝으로 허벙저벙 떼었다. 씨억씨억 칼과 송곳과 망치를 번갈아 들이밀고 대형 고무통 그리고 소금단지까지 야단법석을 떨었다. 그러기를 몇십 분, 입에서 단내가 났다. 몇 마리 분리한 것이, 살이 으깨지고 대가리가 떨어져 나갔다. 세상사 본성을 따르지 않으면 망가진다는 것을 알겠다.

나는 결이 보일 때까지 느긋하게 기다리는 법을 배워야 했다. 이 바보야, 그렇게 마구잡이로 들이대면 어떡하니. 아무리 급해도 바늘허리에 실 매어 쓸 수는 없는 거잖아. 결을 따라야 해. 조기를 손질하면서 결이란 단어를 건져냈다. 그래, 세상살이에는 때가 있는 것이고 흐름이 있었어. 아무리 거친 세파가 밀려와도 결 따라 파도타기를 하면 순조로울 것이요, 역린을 건드리면 거칠고 뒤틀리어 급기야는 벼랑 끝으로 치달을 수도 있겠지.

그렇다. 결을 알아내는 것은 하나의 길을 찾는 일이다. 단순히 기술적인 재주뿐만이 아니라 정신까지 합일되어야 가능하다. 열림이고 소통이기에 이는 본래 있는 그대로의 자연의 이치와 순리를 찾아가는 작용이다. 거대 담론에서 찾지 않아도 세상 모든 것에는 결이 있음이다. 억지가 아닌 자연스러움이다. 지식의 측면이라기보다 지혜의 영역이겠다.

흔히 쓰는 종이도 결대로 찢으면 반듯하고, 식탁에 올라오는 장조림도 결을 따라야 정갈하고 모양새도 깔끔하다. 화장품은 또 어떤가? 피부의 결에 따라 발라주면 곱게 먹힌다. 옷감도 결을 따르면 끝의 작은 흠집만으로도 쭉쭉 찢어 손쉽게 자를 수 있다.

결의 방향을 따르지 않으면 엇결로 뜯김을 피할 수가 없을 것이요, 리듬을 타면 부드럽게 흐를 수 있는 순방향이 된다. 결을 알고 결을 따르는 일은 많은 경험과 깊이 있는 삶에 기반을 두지 않을까.

나의 퀘렌시아[1]

속수무책으로 언덕길에 돌멩이 하나 굴러 내린다. 물끄러미 바라본다. 모양새가 울퉁불퉁 거무튀튀하다. 흠집이 나는지도 모르고 시간에 내던져 사는 저 돌멩이. 굴러가는 돌의 도달지점은 어디일까? 종착지가 어딘지 가늠조차 되지 않는 곳을 향하여 무턱대고 내리구른다. 그는 광장이 아닌 골방이 필요하다.

돌멩이를 덥석 안아 겹겹의 상자 안에 가둔다. 복잡다단함에서 본래면목으로 돌아가 보자는 것이겠다. 침잠의 시간으로 본연을 만난다. 새롭게 시작하고자 하는 의미의 시간이다. 세상의 빛을 보기 전 양수가 깃든 어머니의 자궁이다.

---

[1] 퀘렌시아 : 피난처. 안식처. 스페인어로서 투우 경기에 출전한 소가 잠시 쉬며 숨을 고르는 장소.

누렁이가 넓은 마당을 두고 마루 밑에서 쉬는 것처럼 그러고 싶다. 가두어지는 것은 차단이기도 하지만 자유가 주어진다. 패배자의 도망침이 아니라 도약을 위한 성소다. 숨는다기보다는 쉼의 뜻을 보태는 생성이다. 바쁜 일상에 쉼표를 찍고 소위 말하는 영혼을 적시는 휴식이다. 그 안은 안온한 집으로 편안하다.

어둠에 숨어들어 공간의 칠흑을 바늘구멍 하나 뚫는다. 바늘 끝에 스며드는 빛살이 포도송이처럼 송알송알 알을 낳는다. 그 알들이 몸집을 불리며 지평을 넓혀간다. 알에서 깨어나듯 이를테면 갱신이다. 꼬리에서 머리를 생산해내는 허물벗기와 거듭나기의 우로보로스[2]다.

집단 무의식이 밀려와 쏟아지는 낱말과 문장들, 지금 알을 까는 중이다. 단어를 곱씹을 틈도 없이 마구 새 말들이 종이를 메꾸어 나가는 빙의 상태다. 순간 나는 신들린 무녀가 되어 광기의 춤을 춘다. 슬픈 여인으로, 죽은 아이로, 광야를 질주하는 청년으로 울고 웃고 몸을 바꾸어 나간다. 이것은 상자 속에서만 이루어지는 구름 위의 산책이다. 일상으로 돌아오면 변화되어버리는 그림자놀이다.

---

[2] 우로보로스 : 우로보로스(Ouroboros)는 "꼬리를 삼키는 자"라는 뜻이다. 이 상징은 시작이 곧 끝이라는 의미를 지녀 윤회사상 또는 영원성의 상징으로 인식되어왔다.

오영석 作

나의 퀘렌시아

언제부턴가 꿈꾸었던 것을 벼르고 별러 시도한다. 겨우 보름이지만 대단한 결심 뒤에 이룬 행위다. 15번 수인번호를 달았다. 적어도 그 정도의 기간은 견뎌보리라는 생각에서다. 라면과 김치 그리고 달걀과 대파 같은 기본생필품을 갖추어 놓았다. 보름 정도는 끄떡없겠다. 바깥 생활을 모두 접고 즐기던 사우나도, 헬스도, 요가도 중단한다. 행동반경을 작은 책장과 안마의자 그리고 컴퓨터가 고작인 골방에 한정하고 잠도 안방 침대에서가 아니라 이곳에서 자기로 한다. 철저히 감옥살이 해보고자 한다.

시작은 창대했으나 만만치 않다. 삼사일은 그럴싸하게 만족스러웠다. 그런데 웬걸, 한계점이 왔는지 몸이 뒤틀리고 계획대로 잡히지도 않는다. 냉장고 문을 열었다 닫았다 몸살을 친다. 일상이 무너진 듯 활력이 떨어지고 이상야릇하다. 그렇다고 힘들게 시도한 나와의 약속인데 도중하차는 아니 될 일이다.

며칠이 고비였다. 서서히 편안함이 온다. 어디 산사에라도 들어온 것처럼 안정감에 고요해진다. 저절로 오만가지 생각과 함께 생의 전반이 돌아봐 진다. 열심히는 살았지만, 헛것을 많이 움켜쥐었다. 가지치기가 요구된다.

헐거워진 생활을 조이고 싶다던가, 워밍업이 필요하다든가, 내가 없는 나로 살고 있을 때 단식을 하듯 상자 안에 가두어 볼 일이다. 그 시간은 일상을 하나씩 좁혀간다. 상자를 축소할수록 생각은 거대해졌다.

그간 타인에 가려져 나를 만날 여력이 없었다. 어느 날 빗속을 날고 있는 곤충이 자신의 위치를 자각하듯 마구 굴러가는 상태를 알아차렸다. 가팔랐다. 추락도 얼핏얼핏 도사렸다. 멈춰 서려 하니 작동이 원활하지 않았다. 긴 세월 사용하지 않아 기능을 잃은 듯 헤맸다.

담박에는 무리였고, 점층적으로 속도를 줄이다가 종국에는 감옥에 가두었다. 외피는 좁아도 내피는 광장이었다. 인囚, 사람이란 게 본디 동굴의 수인이 아니던가? 자처해 갇혀본 곳은 푸짐한 선물상자였다.

임실을 먹다

　서울역사 앞 지하철역, 그곳 벽에는 커다란 빨간 고추 사진이 걸려있다. 사람 키만 한 고추 옆에는 '고추는 임실입니다.'라는 문장도 있다. 그 앞에 오도카니 서서 한참을 바라보며 문장을 되뇄다.
　오가는 사람들이 이상하다는 듯 힐끔거렸다. 빨갛고 튼실한 고추를 신기하게 바라보는 사람이 여자라서 그러는지, 나와는 다른 생각을 머릿속에서 궁굴린 모양이다. 그들이 날리는 웃음은 고추를 남성과 연결한 그것으로 보았기 때문이다. 뭐래도 좋다. 세상만사가 어디 내 뜻과 사개가 맞듯이 꼭 부합되지 않음을 어찌 모르랴. 사실 튼실한 고추 사진 앞에서 한동안 서 있었던 이유는 다른 데 있다.
　고추는 어지간한 지역에서는 다 나온다. 그런데도 고추는 임실이라고 특정한 이유가 뭔지를 생각하던 중이었다. 아, 그렇구나! 잡고 있던 화두가 풀리기나 한 듯이, 엷은 미소를 입에 물었다. 큼직한 고추 사진 앞에서 헤벌쭉 웃고 있는 이 속없는 여자를 사람들은 한심하게 여겼을지도 모른다. 그러거나 말거나 케세라세라. 아무튼 한낱 광고에 불과한 사진 앞에서 나름대로 의미를 찾았다. 대낮처럼 환한 지하철역에서 발견의 희열로 웃음을 흘렸다.

임실은 열매라는 뜻의 실實이 있다. 지상의 모든 꽃은 자신의 완성을 열매로 삼는다. 호박, 가지, 고추, 과일……. 모두가 그렇듯 삶도 그렇지 않은가. 삶의 완성은 물론 사람에 따라 목표가 다를 수 있다. 권력, 부, 명예, 자기실현, 화려한 인맥, 자아 발견, 사랑……. 그러나 완성은 제 꼴을 고집하지 않는다. 보름달이 금세 이지러지듯이, 세상사가 그렇다.

신화학자 엘리아데가 탄생–성장–소멸–재생의 과정을 '영원한 회귀'라고 한 의미가 얼비친다. 아무튼 식물의 완성이라고 하는 결실, 달리 말해 열매가 맺음은 그 자체로 생의 종결이 아니라 다른 꼴로 변화해 변신의 흐름을 타고 우리에게 생기를 준다.

고추가 고춧가루가 되고 그것은 다시 고추장이 되듯이, 이 흔연한 변신이 생명의 동력이다. 한마디로 말해 기氣다. 그런데 '기차게 살게 하는' 생기는 곡기를 넣어야 가능하다. 곡기가 생기를 낳고 생기가 활기를 돋게 한다. 꽃은 단순히 미적 사물만이 아니라 열매에 곡기를 저장하고 곡기가 생기와 활기로 이어지며 생으로 질주하게 한다. 허기진 자들이여, 임실에서 완성을 회임하시라. 그러나 진정한 완성은 끊임없이 변신하는 데 있다. 변신이

없으면 존재도 없다. 생의 정점에 있다고 우쭐하면 오만이다. 정점은 도달점으로 향하는 길목의 하나일 뿐이다. 그러니 임실은 꽃의 완성으로 만족하지 않는다. 완성은 자신을 허물어 새로운 것으로 태어나는 숨찬 변신의 과정을 보인다. 이것이 진정 생명과 우주의 생기가 아닌가 싶다.

  지하철역 사진 속의 고추가 유난히 빛났다. 완성과 변화를 보이는 사물은 그처럼 빛을 발하는 것인지 모른다. 그렇다면 고추의 고장 임실이라는 장소는 결국 존재의 완성과 변화가 이루어지는 곳이다. 이제 임실은 단순히 지리적인 한 지역이 아니라는 생각이 들었다. 어디 임실 뿐이랴. 지역은 지명이 총체적으로 그 특수성을 가름하고 생명의 똬리를 틀고 있는 모든 숨탄것의 정서와 문화를 낳는다. 정서와 문화는 그 지역에서 소출되는 먹거리의 힘으로 만들어진다.

임실이 열매를 잉태하는 장소라는 지명을 통해 인문 지리 하나를 주웠다. 열매를 맺기 위해서는 꽃이 있어야 한다는 것, 임실은 꽃과 열매 즉 아름다움과 완성함이 들녘의 바람처럼 흐르는 고을이라는 것. 고추가 유난히 밝게 빛나는 건 바로 이 이유 때문인지도 모른다. 완성을 회임하고 다시 그 완성이 새로운 것을 분만하는 연속성의 세계가 임실임을 알았다.

삶을 추동하는 생기를 챙기려고 몇 년 전부터 태양으로 완성된 고추를 흔연히 하던 솜씨로 배추와 버무려 임실에서 김장을 한다. 꽃으로 완성된 열매, 고추는 고춧가루로 변신하고 이들은 무와 배추에 스며들어 고추도 아니요, 배추나 무만도 아닌 새로운 미각의 김치를 탄생시킨다. 이를 융합에너지 또는 융합마술이라고 하면 지나칠까?

부산하게 버무리는 다른 이들을 본다. 그들의 손 못지않게 입도 기쁨의 표정으로 벙글어진다. 저들도 나와 같이 아름다운 완성과 변신의 힘을 내장하고 있는 고추의 매력에 훌러덩 빠져서 그럴까.

비상飛上을 꿈꾼다

　일상이 졸고 있다. 수인이 되어 진공상태에서 잠자는 듯 깨어있는 듯 하품을 해댄다. 새장 속의 새가 창공을 그리워하듯 편안함이 편안치 않다. 묶어놓기와 풀어놓기, 안주와 이동, 이는 두 발의 운명처럼 나를 지배한다. 누군가는 배부른 소리 한다고 지청구하겠지만 그 배부름이 되려 배고프다. 권태는 정말이지 짜증스럽게 옥죈다.

　지키고 싶어도 지킬 수 없는 시간은 도깨비불처럼 지나간다. 과거라는 꼬리를 매달고 앞으로의 행진을 멈추지 않는다. 질주해서 빠져나오기란 쉽지 않다. 시간 앞에 어영부영, 느직느직, 싸드락싸드락…, 이런 용어가 역설적으로 소중하다. 삽시간에 한 달, 그리고 일 년이다. 악무한은 무방비로 그렇게 흘러가고 나이는 눈엣가시처럼 살이 두둑하게 쪄간다. 열심히 사는 것 같은데 허무가 쌓이는 얄궂은 이 심사를 어찌하랴.

인생은 허들 넘기가 아닐까. 길든 생활을 재배치, 재구성하자. 우유에 젖산균을 넣어 발효시키면 요구르트가 되고, 열을 가해 숙성시키면 치즈가 되듯이 얼마든지 변화는 가능할 거다. 마음 가는 대로 발길을 옮기는 것도 도망치는 시간에 맞서는 한 의미일 수도 있겠다. 생은 걸을 수 있을 때까지만 살아 있잖은가. 조금 성글더라도 욕구를 향하여 촘촘히 걸어보자.

습관은 손과 발 그리고 눈과 귀와 코 등 버릇된 감각이 퇴층처럼 쌓여 안정감을 준다. 편안함은 어지간해서는 벗어나기가 어렵다. 안전하겠지만 변화가 없다. 변화되지 않는 안락함은 족쇄다. 낯익은 환경의 편안한 삶에 주저앉을까 봐 겁난다. 안정감만큼 위험한 것은 없다. 온순한 일상에 괜한 트집을 잡는지도 모른다. 그 트집은 결국 풀어내지 못한 그 무엇이 있다는 말이다.

언덕배기에 앉았다. 시간이 멈춘 정적을 멀찍이서 풀벌레 소리가 뚫는다. 귀뚜라미 소리 같기도 한데 약간 다른 느낌이 방울벌레가 아닌가 싶다. 찾아보려 해도 소리만 들릴 뿐 풀 속에 숨었다. 쇠 구슬 굴러가는 소리로 길게, 짧게 소리를 내다가 멈추기를 반복한다. 풀벌레도 길을 찾기 위해 헤매는 걸까? 방황하는 모든 것들의 어깨를 따독따독 다독인다.

호젓하게 나를 바라봐주는 시간이다. 매너리즘에 빠져서, 바빠

서, 게을러서 오랜 기간 방치했다. 자식을 방관한 어미처럼 불편이 옥죈다. 할 일이 많아 시간의 노예로 사는 것만으로도 행복한가. 이대로 살아도 여한이 없는가. 아니다. 무언지 모를 허기가 감긴다. 막연하지만 꺼내어서 보듬어주어야 할 무엇인가가 내장되어 있음이다. 찾자, 찾아보자. 가두어지는 것은 부패한다. 순환은 변화한다는 것이겠다. 그래, 난 변화의 갈증이 난 것이다.

여행은 등촉을 켜고 거울을 비춰보는 일. 어둠을 밝혀 환하게 비춘다. 잠자는 세포가 조금씩 꿈틀거린다. 보채는 마음을 헐거운 여백에 데려다 놓는다. 더없이 넉넉하다. 관성대로 사는 것에서 벗어나는 비상구다. 풀과 나무가 모자이크한 채색화 들판이다. 아름다움에 덩달아 생기가 돋는다. 늦선 곳에서 낯선 나를 본다. 세간에서 출세간으로 들어선 셈인가? 부정을 지우고, 긍정을 꺼내어 세팅한다. 부화를 위해서 알을 깬다. 참, 좋다.

가슴팍 돌멩이가 부서지고 입이 헤벌쭉이다. 화초가 물로 잠깐 생기를 찾다가 얼마지 않아 다시 물이 필요하듯, 주기적인 나들이를 생의 물목에 넣어야 할 것 같다. 나에게 여행은 솟대에 얹힌 오리처럼 시간의 물살을 타고 동경하는 곳으로 비상하는 행위다. 마음의 한기를 데우는 따뜻한 방이다.

오늘 나는 죽었다

제단이 차려졌다. 영정사진 양옆에 꽃바구니가 놓였다. 입구에는 평소 생각대로 화환 두 개가 있고 나머지는 사양했는지 단출하다. 들숨에서 날숨까지 건너지 못한 멈춤, 生의 전원이 꺼졌다. 예순아홉의 깔딱고개를 넘지 못하고 저승으로 호적을 옮긴다.

몸에 지닌 이형 심장판막증이 문제되어 오랜 세월 불편한 몸으로 살다가 죽음을 맞이할 줄 알았는데 엉뚱하게도 감기가 폐렴이 되더니 패혈성 쇼크로 운명하였다. 친정 부모님을 닮아 길게 아프지 않은 것이 다행이다. 망자가 되어 바라본 나의 시신은 편안하다.

삶과 죽음을 포개어 의식을 치른다. 모든 것을 통째로 접는 시간이다. 사랑한 사람도 산도, 바다도, 맛난 음식도 기억 속에 접는다. 생과 사의 경계는 찰나, 세상에서 영원히 봉인되는 죽음, 얼마지 않으면 사지의 처소에 영원히 들게 된다.

전생을 되돌아보며 장례를 치른다. 산 나는 누구이고 죽은 나는 누구인가? 산 자들의 기억 속에 어떤 사람으로 남을까? 소통은 안 되지만, 그들의 이야기를 경청하며 아- 그랬었구나! 수긍하며 듣는다. 뉘우치고 용서받고 영혼으로나마 정리한다.

온몸으로 말을 해도 마치 가위눌림인 듯 소리가 만들어지지 않는다. 신기하게도 말소리는 들리니 그나마 다행이다. 늦게까지 주어진 귀는 조물주의 마지막 선물이다. 내 말을 앞세웠던 무례함, 지금이라도 남의 말 듣는 것으로 기워 갚으라는 것이겠다.

슬픔은 여러 모양새다. 영원한 이별이기에 사람들은 죽은 나를 애통하게 불러댄다. 엄마, 정숙아, 선생님! 간절한 목소리가 뒤엉킨다. 내 가슴도 미어진다. 생전 보호자가 되었던, 눈을 감았어도 고마움을 생각하면 목울대가 차오르는 우리 큰딸, 애써 담담해지려는 듯 슬픔을 삼키고 장례식 모두를 지휘한다.

둘째 딸은 지금은 잔잔한 진혼곡을 깔고 발인식 때나 연주를 하면 어떻겠냐고 눈이 빨개져서 언니하고 상의한다. 평소 했던 말을 기억해주니 고맙다. 아들은 엄마의 죽음이 믿기지 않는 듯 주먹을 불끈 쥐고 슬픔을 목울대에 넘기며 상주 몫을 한다. 눈물을 꾹꾹 눌러 참는 모습이 처연하다. 든든하고 자랑스러운 자식들이다.

열 살 손녀 제나, 여섯 살 손자 현진, 이제 할머니 못 보는 거야? 할머니 보고 싶으면 어떻게 해. 눈물이 그렁그렁하더니 '앙~' 하고 울음을 터뜨려 초상 마당의 절정을 이룬다. 손자들이 소리 내어 울어주니 잘 산 것인가?

 아는 사람 다 모여 얼굴보니 좋다. 문인들, 동창생들, 손자를 돌보러 서울로 간 친구도 단숨에 와 주었다. 여고 시절부터 지금까지 유일하게 소통한 친구인데 마치 한쪽 팔을 잃은 듯 이름을 불러제낀다. 형제들은 아직은 아닌데, 아닌데 너무 일찍 갔다며 한숨을 섞어 연신 안타까워한다. 한쪽에서는 성당 사람들이 연도로 의식을 치른다. 나이를 먹어가면서 연락이 끊겼던 사람들도 보인다. 면목이 없다. 오랜 세월 자매처럼 지냈었는데 사소한 오해로 등을 돌렸던 언니가 와서 반갑다.

 이래저래 침울한 초상 마당이다. 슬픔은 이쯤에서 거두고 작은딸과 손녀 제나가 바이올린 연주로 분위기를 확 바꾸어 주었으면 좋겠다. 나는 결코 슬프게 떠나고 싶지 않다. 축제처럼 떠나고 싶다. 죽음은 삶의 마지막에 벌이는 이벤트다.

 사람들은 생전의 고단했던 삶을 툴툴 털어내고 영원한 안식을 누리도록 예를 다하여 삼가 애도한다. 영원한 이별이기에 웬만해서는 허물을 말하지 않고 각별한 조의를 표한다. 죽음은 사람의 가치를 더욱 돋보이게 만드는 배경이자 행위이지 싶다. 하여 떠난 자리에는 타산지석의 메시지가 생긴다. 그것이 그 사람의 흔적이다. 인간 삶에 한계를 짓는다는 점에서 분명 슬프고 부정적이지만 그로 인해 삶의 충만과 의미를 찾는다.

 죽음이 삶의 완결이라고 생각하면 태어나면서부터 완결을 향해 무한히 걸어가는 존재가 아닐까? 꽃이 지는 것이 끝이 아니듯, 죽음도 어쩌면 죽되 죽은 것이 아닐 수도 있다. 한 줌의 재로 산화되어 허무의 징검다리를 건너는 것으로 끝이라면 너무 슬프지 아니한가. 더 잃을 것 없는 죽음, 어찌 보면 세상살이에서의 해방과 자유일 수도 있겠다.

산 자와 죽은 자는 경계가 생긴다. 영혼이 빠져나간 육신은 귀신쯤으로 인식된다. 저승사자가 되어 영안실이 무서움으로 변한다. 어차피 돌이킬 수 없는 죽음, 어쩌면 빨리 장례가 마무리되길 바랄 수도 있다.

시신 두고도 웃어가며 화투를 치고. 산 사람은 살아야 한다면서 세끼 밥을 챙겨 먹는다. 사랑하는 사람을 떠나보낼 때는 삶이 장례식이 된 듯하다가 시간이 지남에 따라 평상으로 돌아간다. 같은 공간에서 시간을 공유하며 서사를 만들었던 관계이지만 아 옛날로 전설처럼 서서히 묻힌다.

자식들도 얼마 지나지 않아 각자의 자리에서 잘 살아갈 테다. 형제들은 예정대로 돌아오는 여름, 펜션에서 휴가를 즐기며 아버지 흉을 보고 있을 것이다. 그 자리에 내가 없어도 개의치 않는다. 호적이 여백이 되고, 지인들의 핸드폰에서 관계의 거리만큼 순서대로 이름이 삭제된다. 그리고, 세상은 아무렇지도 않게 돌아간다.

조선 시대에 '졸기'라고 해서 비중 있는 사람이 죽으면 생애와

평가를 적었다. 나도 스스로 적어보고 싶었다. 그러기 위해 남은 생의 숙제를 알아야 했다. 죽음을 시뮬레이션했다. 거울 앞에 사진을 놓고 양쪽 상단에 검은 띠로 두르니 영정사진이 만들어졌다. 생각들이 파노라마로 지나갔다. 눈물이 흘렀다. 살아있다는 것의 소중함을 일깨웠다. 앞으로 남은 생을 어떻게? 라는 질문이 만들어졌다.

가상 부고(obituary)를 써 놓고 거기에 맞춰 살아보는 것도 삶의 한 방편이겠다. 질문 중의 하나로 만약 순장된다면 껴묻거리로 난 뭘 가지고 갈 수 있을까를 물으면서….

숨을 불어넣어 목숨을 부활시킨다.

외솔길을 걷다

　남동생 셋하고 지리산 칠선계곡에 들었습니다. 여느 때와 마찬가지로 혼자 걷습니다. 동행이 있어도 홀로 아리랑 고개를 넘어가요. 정말이지 산에서는 일행과 저만치 떨어져 자연과 오롯이 지내고 싶거든요. 다행히 체력이 따라주어 동생들을 가로질러 앞서갑니다. 산에서는 길벗 없이 걷는 것이 좋다는 듯 연신 외솔길이네요.
　오소리가 다닌다는 오솔길? 이 말도 예쁘지만 외솔길이 더 정감이 가서 사용합니다. 저만의 사전에 등자된 말이죠. 외솔길은 외롭게 발자국 찍어가며 솔바람과 함께 솔래솔래 걷는 길이라는 의미입니다. 이런 곳은 동행들의 눈치를 살피지 않아도 쪼끔은 괜찮습니다. 혼자라서 외롭지 않냐고요? 다신 등 뒤에서 햇빛이 그림자를 만들어 따라오잖아요. 달뿌리풀도 저만치서 희뜩희뜩 손짓하며 앞서가고 있고요. 혼자여서 좋고, 도시를 떠나와서 좋고, 코로나 마스크를 벗어 좋습니다. 참, 산과 오롯이 만나고 싶어 휴대전화는 배낭 속에서 모처럼 쉬게 합니다.

다시 페달을 밟는다

오영석 作

오락가락하는 봄비를 하늘에 맡겨두고 자드락길로 들어섭니다. 가파른 오르막길이네요. 굳어있던 몸이 경기하는 듯 근육이 요동을 칩니다. 봄 햇살에 연둣빛 잎새들이 막 잠에서 깨어난 아이처럼 해맑습니다. 저기 저 연둣빛이 지쳐 갈맷빛으로 물드는 여름이면 숲은 더욱 풍만해져서 새들이 우짖고 꽃들이 환해지겠지요. 아직 겨울의 찬기가 남았는데 저 멀리에서는 산벚꽃이, 가까이에선 조팝나무꽃이 간간이 시선을 끌어갑니다.

봄 숲은 연둣빛 판테온, 봄의 축제에 하늘도 참석하려고 봄봄봄 하며 대지로 내려옵니다. 수런수런 들뜬 걸음을 하네요. 햇살 쏟아지는데 새통스럽게 하얀 구름 몇 점이 둥실 춤을 춥니다. 버들개지는 앙다문 입을 벌리고 빙긋 웃어요. 온 산이 청소년처럼 싱그럽습니다.

산에 들어서면 몸이 옷을 갈아입습니다. 찌든 세상사 먼발치에 벗어내고 꽃과 나무의 색깔로 물들어요. 물짐승의 마음이 물을 따르는 것처럼 마음이 숲을 따라 산드러집니다. 무위자연과의 만남은 한 송이 꽃이 되고, 한 그루 나무가 된답니다. 숲속은 늘 에너지가 충만해요. 수런거리는 생명의 소리가 들립니다. 나무들이 저마다의 색깔과 향과 모양으로 봄을 만드느라 분주해요. 점성가들이 별들의 속삭임을 알아듣듯 숲의 소리가 조금이나마 들리는 것이 신통합니다.

나이 많은 갈참나무 한 그루가 외따로 서 있네요. 사람으로 치면 백 살 정도는 되었을 것 같은데 허우대도 때깔도 한창입니다. 세월에 굴하지 않고 줄기차게 뻗어가는 늠름함을 보세요. 아마도 이 산의 터줏대감인가 봐요. 어린나무들과 화이부동으로 어우러져 살면서도 독불장군처럼 자기를 관리한 모습이 역력해요. 경외심에 고개 들어 우듬지를 쳐다보니 새 이파리를 피워내네요.

나무초리들이 새처럼 초록, 초록 노래해요. 나의 육신도 푸른 잎을 피워냈으면 하고 어처구니없는 생각을 잠깐 해봅니다. 나이테는 안에다 새기고 으시딱딱하게 푸른 노래를 불러보고 싶거든요. 육신은 시간에 밀려 쭈글쭈글한데 저항하는 마음은 팽팽한 가죽 부대 안에 있어요. 그러니까 육신과 마음이 불협화음으로 가끔 충돌한답니다.

이걸 어쩌나? 삼십 미터는 족히 될만한 구새먹은 느티나무가 된비알을 가로질러 절퍼덕 누워있네요. 지난겨울 폭설로 이리 됐나 봐요. 고사목이 되어가는데 곁가지들은 푸른 잎을 매달았어요. 누군가 옮겨주지 않으면 저 모양으로 저 자리에 붙박여 있다가 결국은 죽어갈 나무를 생각하니 답답해집니다.

골짜기에 자갈자갈 물이 흐릅니다. 얼마 가지 않아 낭떠러지가 나오네요. 사람살이도 저 급변을 닮았을 겁니다. 절벽을 만난 계곡물은 저 밑 웅덩이에서 깊어집니다. 느닷없이 거친 시간을 거쳐온 그들이 잠깐 쉬는지 웅덩이에 오종종 동그랗게 앉아 있네요. 어머? 좀 더 아래쪽에는 제법 큰, 그야말로 용이 승천할

법한 웅덩이가 검은 몸피로 누워있어요.

퍼포먼스가 장관입니다. 계곡은 급물살임에도 어울리기를 잘해 사이사이 골을 찾아 밑으로, 밑으로 흘러 다시 만납니다. 강과 바다가 계곡의 왕이 될 수 있었던 까닭도 낮은 데에 있기 때문이 아닐까요. '대자의위하大者宜爲下'라는 느자의 말이 생각납니다. 그래요. 큰 것은 아래가 되는 것입니다. 사람도 자연에서 배웠으면 좋겠어요.

제법 깊어 보이는 소에 손을 담급니다. 차갑다 못해 잠시인데도 손이 아리네요. 아직은 산속이라 겨울 끝이 남아 있나 봐요. 에어컨 바람처럼 찬 기운도 가끔 왔다 갑니다. 바깥 기온보다는 삼사 도 정도 낮을 것 같아요. 이런 날씨로 머물러 주었으면 좋겠는데 햇살이 비치다가 끄느름하더니 호탕이가 장가를 가는지 듬성듬성 빗방울이 떨어지네요. 아까막시 매지구름 몇 점 속에 비의 씨앗이 들어있었나 봐요.

햇살 받은 이파리와 빗방울이 만나 반짝반짝 춤을 춥니다. 약간 습해서 그런지 피톤치드가 분사되어 덮칩니다. 한입 크게 베어물고 오물거려봅니다. 이 쾌감, 어떤 오르가슴인지 아시겠지요?

흉허물 많은 인간을 탓하지 않고 아무 때나, 누구나, 세상사 넋두리 쏟아내도 다 받아주는 숲은요. 원기 회복제 같아요. 어머니가 자기 배고픔만 생각하는 아이에게 기쁘게 밥을 내어주듯이 자연도 몸피를 바꾸어가면서 여러 계절을 베풀어요.

무당이 신과 인간 사이에 있듯 산은 현세와 천상의 중간쯤이 될까요. 이승과 저승을 잇는 매개체 역할 말이에요. 산에 들면 속과 성의 경계를 넘어온 듯 일상의 잡다한 것들에서 해방되니 말입니다.

한나절 이상을 거뜬히 걸었습니다. 응어리가 풀어졌어요. 발걸음이 피를 털어낸 듯 해깝습니다. 현악기의 연주는 저리 가라 할 정도로 바람 소리 배향이 기똥차네요. 점심을 때운 지 두어 식경밖에 지나지 않은 것 같은데 금세 어둠살이 오릅니다. 개와 늑대의 시간, 이제 하산입니다. 안쪽에서 나직한 소리로 말합니다. 나도 하심下心이야!

함께한다는 것은 통제와 간섭과도 같이 해야 하는 것, 전체를 위해 개인이 억압당하는 거죠. 혼자 걸을 수 있었던 것은 동행자가 배려하고 이해해준 덕분이겠지요. 이따가 미안하고 고마운 마음 담아 동생들에게 맛난 저녁을 살까 봐요.

그곳, 외딴집

초등학교 3학년 때부터다. 야산을 일구어 만든 밭 일부에는 작약꽃이 피었다. 꽃을 보기 위한 것은 아니고 뿌리를 굵게 해 약용으로 판매하는 목적이었다. 60년대 먹고살기에 바빠 꽃 같은 것에는 관심이 없었고 꽃이 귀한 시대였다. 꽃철이 되면 한 아름씩 꺾어 흔전만전 교무실에도, 교실에도 꽂았다. 꽃 덕분으로 선생님들한테 이쁨을 받았다. 그렇지만 집안에는 꽂지 않았다.

우리 집은 먹을 것은 넘쳤지만 사랑이 없었다. 아버지는 이름을 날리며 행세하는 분이었어도 자식들에게는 두려움의 존재였다. 어머니는 눈만 뜨면 새벽부터 들에 나가셨다. 아버지의 바깥 생활로 일에 매달려 머슴처럼 살았는지, 오로지 아들들 도회지로 유학 보낼 희망으로 삭신이 녹아나도록 몸을 부렸는지 알 수 없다. 움직이는 모양새가 꼭 기계가 돌아가는 것처럼 느껴졌다. 그런대로 먹고살 만한데 언니들을 어머니의 일손처럼 사용하면서도 안쓰럽기는커녕 아쉬움을 나타내셨다. "이웃 동네 누구네

딸은 초등학교 나왔어도 서울 가서 공장 다녀 자기 동생 가르친다고 하더라. 또 누구는 서울서 식모살이해 매달 돈을 보낸다고 하더라."는 부러운 듯 넋두리를 하시곤 했다.

어머니는 바쁜 와중에도 장독대 옆에 꽃밭을 만들었다. 채송화, 봉숭아, 분꽃, 백일홍, 맨드라미 같은 꽃들을 농사처럼 튼실하게 가꾸었다. 호밋자루 던져놓고 꽃 앞에 계실 때는 여자로 돌아가 환하고 아름다웠다. 유일한 휴식의 시간으로 꽃을 보며 힘든 마음을 달랬을 것이다. 왜 이렇게 일만하고 사는지 때론 집착을 내려놓고자 했을 수도 있다.

중학교 시절 어느 날, 집이 싫어 일부러 늦게 들어와 아버지한테 된통 혼이 났었다. 나는 아무도 모르게 장독대 옆 꽃밭에서 울었다. 이상하게도 아주 슬프지는 않았다. 아마도 꽃들과 슬픔을 나누었기 때문일 거다. 그 이후에도 눈물을 지켜봐 준 꽃들이 있어 나는 별 탈 없이 그런대로 성장할 수 있었다.

정읍 북면에서 칠보 방향의 중간쯤 되는 지점의 덩그런 외딴 집, 일명 "여시굴"이라 불렀던 우리 집은 밤이면 여우 울음이 뒷산에서 내려와 방문을 흔들었다. 으스스 소름이 돋던 그 날들의 밤, 열 살 난 꼬맹이는 문고리를 붙잡고 수많은 밤을 웅크렸다. 읍내 나가는 마이크로버스는 하루에 네댓 대가 전부였고 전기도 들어오지 않는 산골에 늘 혼자였다. 낮에도 무서움은 매한가지였다. 손에 갈고리를 매단 아저씨들이 가끔 동냥을 와서 무서웠다. 두려움에 쌀을 한 됫박이나 퍼주어 어머니한테 혼나기도 했다.

동네 속에 살 때도 내성적인데다가 워낙 말하기를 싫어해 친구들과 어울려 지내진 않았지만 외딴집에 오고부터는 말수가 더 적어졌다. 대답 이외에는 말을 잊고 살았다. 어느날 몇십 년만에 동갑내기 고모딸 상금이를 만났는데 내가 말을 하는 것을 보고는 깜짝 놀랐다. "너 말을 할줄 알았었네?" 오죽 말을 안했으면 그랬을까. 무슨 생각을 하며 살았는지. 조용히 아니, 주눅이 든 아이가 되어 있는 듯, 없는 듯 지냈다.

대가족 안에서도 식구들은 겉돌았고 세상으로부터 차단되어 밭틀길을 찾는 일이 많았다. 밭둑에 걸터앉아 발을 흔들어대며 풀들을 친구삼아 이런저런 이야기하는 것이 유일하게 노는 거였다. 석양이면 복숭아밭 옆 미루나무 꼭대기로 넘어가는 해를 바라보며 어딘지도 모를 먼 곳을 동경하였다.

외딴집, 지독히도 외로웠던 기억이 실핏줄을 타고 가슴에 닿는다. 흉터로 남은 상처이고 나의 과거다. 상처는 힘이 세고 오래갔다. 그러나 세월이 흘러가면서 추억으로 변해갔다. 그곳 생활은 결핍으로 외로움이 컸지만, 미지의 꿈을 생산해내는 텃밭으로 싹을 틔워냈다.

저기, 초록비가

다시 페달을 밟는다

오영석 作

오월의 초록비가 내린다. 어수선한 마음이 한줄기 비에 젖는다. 유리창이 빗물에 씻기어서 한 꺼풀 벗겨낸 듯 시원해졌다. 죽었던 세포 하나하나가 대지를 뚫고 나온 들풀처럼 푸릇푸릇하다. 비가 촉촉하게 나를 보고, 나도 차분히 비를 본다. 비와는 같은 시간의 동승자, 마음에 스며든 비가 내가 된다.

창밖 빗줄기 속에 채우지 못한 것들이 빗방울처럼 쏟아진다. 알지 못하는 무엇이 닦달하며 심기를 건드린다. 끊임없이 속을 들쑤시는 욕망은 한낱 허공화일까. 허황한 욕심일까. 가능한 일은 무엇일까? 삶의 안쪽에 틔우지 못한 싹이 많나 보다. 붙잡아야 할 희망인가. 단지 가버린 세월의 그리움이 쿳북을 치는 것인가.

나이는 그리움을 먹으면서 자란다고 했던가? 나이가 꿈을 밟을 수 없다고 항변하면서도 어린애가 사생결단으로 울어대다가 시들해지는 것처럼 슬그머니 꼬리를 감춘다. 욕망의 아우성은 존재 증명의 확인이니 그나마 다행이라고 위로를 할까.

반백 년이 넘어버린 어느 날 손재주가 달란트였다는 것을 알았다. 변방에서 머무는 글에 비하여 바느질은 가까이에서 꼬드기며 마음을 가져간다. 글 쓰느라 밤을 지새운 기억보다 꼼지락거리는 바느질로 아침을 맞은 일이 부지기수다. 날밤을 새워도 즐거움이 마냥 솟았다. 깊고 푸른 시간은 들뜨고, 뿌듯하고 기쁨으로 충만했다.

신은 누구에게나 하나씩의 재주를 준다는더, 어리석은 나는 신이

저기, 초록비가

귀띔도 해주지 않고 나침반도 주지 않았다고 엉두덜거렸다. 바느질이 신의 선물인지를 몰랐다. 어리석게 살았던 숱한 세월이 돌덩이를 매단다. 가능태를 현실태로 끌어내지 못한 아쉬움이 두껍다.

타고난 소질이 있어도 좋아하지 않으면 큰 변화가 없을 것이요, 좋아하지만 타고난 소질이 없으면 어느 수준에 머물고 만다. 글이 안 써질 때는 더욱더 이런 생각이 든다. 소질에 좋아하기까지 한 패션 쪽 일을 했더라면 작게는 더 멋지게 표현하며 살았을 것이고, 크게는 광장에서 한몫하는 사람이 되었을 것 같다.

나이 들수록 반추라는 걸 하게 된다. 삶의 복기다. 마기말로 그때 이랬더라면 이러지 않았을까, 후회를 현실로 상상한다. 무한한 상상은 골방이 아니라 광장처럼 넓어진다. 소용없는 짓이라는 걸 알지만 만약을 자꾸만 데려온다. 그것은 가정이지 현재가 될 수 없는 유토피아와도 같은 if일 뿐이다. 그런데도 만약은 들판을 거침없이 달리는 야생마가 되어 천 리를 달린다. 어쩌면 당랑거철螳螂拒轍하고 있는지도 모른다.

늦깎이로 공부해서 무한팽창과 크기로 질주하는 전문가를 더러 본다. 부럽다. 그렇다면 가끔 치밀어오는 아픔은 무엇이 되지 못한 통증일까. 화가도, 의사도, 선생님도, 음악가도, 디자이너도 때로는 엉뚱하게도 모델이 되는 가정을 한다. 유려할 것 같다는 상상이 달뜬다.

그런데 말이다. 화가는 초등학교 2학년 손녀딸보다 그림을 못

그러니 얼토당토않고, 큰딸이 의사니까 유전인자가 없는 것은 아닐 테지만 머리가 따르지 않아 어불성설이다. 둘째 딸처럼 음악을 한다 생각하면 좋아하니 행복하겠지만 절대음감이 없는 데다 악기 하나 다루지 못한 사람이 어찌할 수 있겠는가. 남 앞에 서는 말도 잘하지 못할뿐더러 테크닉 또한 젬병이니 선생님도 아니다. 그렇다면 좋아하고 자신이 있는 것은 손을 놀리는 바느질이다. 그런데, 말이 그렇지 자발머리 없는 나는 중간에 포기하고 말았을 것이다. 결국, 이것도 저것도 오리무중이다. 세상사 각자 몫이 있는 것 같다. 그렇다면 '만약'은 못난 나를 합리화로 무마시키려는 얕은 수작일 뿐이다.

그렇다. 능력 밖을 탐하는 욕망 도둑이다. 가시에 찔린 상처도 얼룩도 없이 편안하게 취하려만 했다. 전문분야의 고지는 복권 당첨과 같은 요행으로 되는 것이 아니다. 전쟁에서 피어난 꽃이요, 피나는 노력의 결과물이다. 목마른데도 사막을 건너지 않고 오아시스만 찾는 꼴이다.

이쯤에서 생각해 보면 재주는 없지만 그나마 글쓰기를 잘한 것 같다. 달려보자. 이 글 저 글 주전부리해서라도 배부른 글을 향해 질주하자. 생의 많은 것을 지배하는 글쓰기, 밖에서 서성거리는 글을 안으로 끌어들이자. 곶감의 하얀 시설柿雪처럼 단맛이 나는 글 몇 편이라도 만들어보자. 그러면 못다 한 사랑의 갈증에도 오월의 초록비가 내려앉겠지.

저기, 초록비가

8남매 갓김치

형제가 모였다. 부모님 돌아가시고 응집되어 가끔 여행도 하고 밥을 먹는다. 만나면 아버지 어머니 흉을 보는 것이 대부분 이야깃거리다. 큰언니는 언제나 아버지 편이고, 나머지는 어머니 고생하셨다는 말과 함께 딸들에게 그리도 독살스러웠을까 하는 넋두리다. 부모님에 대하여 불만이었지만 지나고 생각하니 8남매를 잘 키워낸 대단하신 분이었다는 의견일치로 결말을 낸다.

순창 선산과 옛 집터를 한 바퀴 돌아보자며 집을 나섰다. 우리가 살던 곳은 야산을 개간한 넓은 임야에 덩그런 외딴집이었다. 면 소재지에서 집까지는 시오리 정도로 진흙 덩어리에 크고 작은 돌들이 울퉁불퉁 깔려 하루에 네댓 번 다니는 마이크로버스가 지그재그 덜컹거렸다.

떠나온 지 몇십 년 만이다. 여긴 복숭아밭이었고, 저긴 고구마 장다리를 하던 곳이고 저 아래로 옹달샘이 있었고, 안채 근처에는 누에를 키우던 잠실과 냉장고 대용이었던 땅굴이 있었다고 서로의 기억을 더듬기 바쁘다.

  참깨, 들깨, 고추, 콩, 감자, 고구마를 계절 따라 수확했다. 고구마가 주였던 가을에는 남자처럼 허우대가 큰 사촌 이모가 고구마를 몇 트럭이나 실어 갔다. 거름을 모아둔 헛간이 딸린 별채는 쇠죽 끓이는 부엌과 농사일을 돕는 금동이 아저씨와 재옥이가 사용하는 방이었다. 윗목에는 잘 다듬어진 지푸라기와 담쟁이넝쿨이 수북이 있었다. 나는 새끼 꼬고 바구니를 만드는 것을 좋아해 틈만 나면 그 방에 들어갔다.

  대문은 처음부터 없었고 신작로에서 들어오는 입구가 진입로였다. 기와로 된 안채를 중심으로 슬레이트 지붕을 한 소 외양간과 닭장 그리고 돼지우리가 순서대로 빙 둘러 각자 특유의 냄새를 풍겼다.

  호롱불과 남포등, 석유풍로와 아궁이에 불을 때서 생활했다. 보릿대와 콩대는 타닥타닥 콩 볶는 소리처럼 재미있었고, 특히 생솔가지는 따닥따닥 요란한 소리를 내며 화력을 과시했다. 들깻대 타는 냄새는 구수해서 좋았다. 몇 년이 지나 돼지 마릿수가 늘어나면서 돼지똥을 저장하는 네모나고 큰 구조물을 설치해 전깃불과 프로판가스를 사용하면서 산골에도 문명이 진입했다.

  마중물을 부어 쓰던 펌프와 우물, 장독대 옆 어머니의 꽃밭도 온데간데없고 만평이 넘는 대지가 온통 향나무와 소나무 농원으로 옷을 갈아입었다. 끝없는 그리움의 자취는 찾을 수 없지만,

공장이 들어서지 않고 나무가 심어져 그나마 다행이었다.

그런데 이게 웬일인가. 옛터가 사라져버린 허전함을 달래주기라도 하는 듯 나무 사이 풀숲에 길이가 적당한 연하기가 그만인 야생 갓이 지천이지 않은가. 맨손으로 삽시간에 몇 광주리나 채취했다. 마침 근처에서 쪽파를 수확하는 사람들이 우리가 산을 개간해 이곳에서 살았다고 하니 반갑다며 깍짓동만 한 파 몇 단을 무상으로 챙겨주셨다.

갓과 파가 생겼으니 담그는 일만 남았다. 여느 집 김장보다 더 거창한 김치 담기에 온 형제가 힘을 합쳤다. 성향에 맞게 분업이 되어 손발이 척척 맞는다. 동생들이 일하는 것을 지켜본 큰언니는 우리 아버지가 아들딸들을 야무지게 낳아놓았다고 자칭한다. 가내수공업을 해도 손색이 없겠다.

거실 한쪽에 돗자리를 깔아 갓과 쪽파를 쏟아부으니 산 하나가 만들어졌다. 큰언니와 둘째 언니는 다듬는 것을 맡았다. 바로 밑 서울 동생과 셋째 동생은 다듬어진 족족 베란다에서 씻었다. 사내들이 그리도 깔끔하고 야무지게 일을 잘할까. 숙련된 주부보다도 더 빈틈이 없다. 바로 위 언니는 주동자인 나를 도와 잔심부름을 하면서 풀을 쑤고, 육수를 끓이며 일 전체를 통괄했다. 식당을 해서인지 일하는 솜씨가 역시 다르다. 저장해 놓은 일 년치 고춧가루며 젓갈을 모두 바닥 내 버렸다. 그래도 좋았다. 돈으로 살 수 없는, 그 어느 때 느껴보지 못한 형제애가 행복을 선물했다. 손익계산도 뭣도 따져지지 않고 그 이상도 다 내어주고 싶은 오늘이다.

어머니 혼이 깃든 땅에서 채취해서인지, 아니면 우리 형제의 끈끈한 가족애가 버무려져서인지 갓김치는 감탄사가 절로 나왔다.

하늘에서 지켜보시는 우리 부모님 흐뭇하시겠다.

8 남매 갓김치

학교길에서

산길을 걷는 것은 그날이 마지막이었다. 초등학교 내내 수업이 끝나기 한참 전부터 집에 갈 일이 무서움으로 걸어오기 시작했다. 마의 그 길을 거쳐야 할 긴장이 조여오기 시작하면 공부는 뒷전이오. 온통 집에 갈 걱정이 앞섰다.

외딴곳으로 이사한 뒤 나의 학교길은 두 갈래가 주어졌다. 냇가의 언덕을 지나 보리밭으로 가는 길과 사람의 왕래가 거의 없는 산을 낀 지름길이었다. 앞길은 보리밭에 숨어있다가 어린아이를 잡아간다는 용천배기(문둥이)가 있을 것 같아 소마소마했고, 뒷길은 산속에서 귀신이나 괴한이 나올까 봐 콩닥콩닥했다.

배가 고파도 삘기가 지천인데 발걸음을 재촉해야 했었다. 어느 날인가는 저 멀리서 너풀너풀 춤을 추며 소복을 입은 사람이 오고 있었다. 분명 귀신임에 틀림이 없었다. 되돌아가자니 어두워질 것 같고, 그냥 가자니 등짝이 오싹했다. 하는 수 없이 눈 딱 감고 머리끝이 쭈뼛해져서 잰걸음으로 가고 있는데 흥얼거리는 구슬픈 노랫소리가 먼발치에서 다가오기 시작했다. 귀신이 아니고 초상집에서 술을 마시고 집에 돌아가는 초췌한 행색의 할머니였다. 아득한 전설처럼 느껴지는 그 길을 벗어난 지 오랜 세월임에도 그 기억은 줌으로 당겨지곤 했다.

시험을 봐서 중학교에 들어가던 시절이었다. B 초등학교 6학년 여학생 중 나하고 지금 소설을 쓰는 H가 읍내 여학교에 합격했다. 초등학교를 마치고 당당하게 도시의 중학교에 갈 꿈에 부푼 졸업식 날이었다.

졸업식 노래 '빛나는 졸업장을 타신 언니께 꽃다발을 한 아름 선사합니다.'를 부르는 대목에서 마음이 가라앉았다. 5학년 동생이 훌쩍거리며 송사를 하는데 그만 울음이 터지고야 말았다. 친구들은 졸업이 슬퍼서 울었겠지만 나는 내 처지가 가련해서 엉엉 울었다. 상을 타지 못한 친구들도, 읍내 여학교에 가지 못한 친구들도 부모님과 언니 오빠가 와서 꽃다발을 안은 사진을 찍어주고 읍내 짜장면집에 데려갔다. 나는 우두커니 그들의 모습을 지켜보아야 했다.

속상한 마음에 집에 가기 싫었지만 갈 데도 없고 별도리가 없었다. 산길을 택하여 털래털래 걷고 있었다. 그날은 무섭지도 않았다. 슬픈 마음은 나도 모르게 산에 들어갔다. 상장과 졸업장을 내팽개치고 널브러져 죽어버렸으면 좋겠다고 생각했다. 펑펑 울다 보니 슬픔이 다 나갔는지 정신이 번쩍 들었다. 와락 무서움이

다시 페달을 밟는다

덮쳐 왔다. 세상에나 이 무서운 산속에 내가 있다니. 금방이라도 나쁜 사람이나 나타나 네 이놈하고 뒷덜미를 낚아챌 것만 같았다. 슬금슬금 뒷걸음질을 치다가 걸음아 나 살려라. 냅다 내달렸다. 무섭다는 생각밖엔 슬픔도 없었다. 십 리 길을 단숨에 달렸다.

여느 날처럼 아버지는 읍내에서 오시지 않았고, 어머니는 방금 밭에서 들어오신듯 몸뻬바지와 낡아 늘어진 누런 티셔츠를 머리에 둘렀던 수건으로 탈탈 털고 계셨다. 딸이 졸업식을 하고 왔는지 어쨌는지도 모르시는 것 같아 나도 그냥 아무 말을 안 했다. 책 보따리를 내던지고 방에 들어가 에라, 잠이나 자버리자 하고 누웠다.

아무리 자려고 해도 잠은 오지 않고 며칠 굶은 사람처럼 갑자기 배고픔이 몰려왔다. 부엌에 들어가 대나무 소쿠리에 담아 시렁 위에 매달아 놓은 밥을 찬물에 말았다. 찬장에 있는 열무김치 하나하고 정신없이 배를 채우고 그만 잠이 들어버렸다.

그 뒤 졸업식을 마지막으로 더는 그 길을 걸을 일이 생기지 않았다.

밥상의 가운데에 놓여 사람들의 손길이 들락날락하네요.
간이 필요하십니까. 그렇다면 주목하십시오.
간을 맞추고, 음식의 맛을 돋을새김하는 나는 종지입니다.

3

그날부터 종지는 꽃이 되었습니다

청타기 淸打機

청타기淸打機를 만났다. 딱히 보려고 했던 건 아닌데 뜻밖에. 유물이 되어 기억 속에 지워진 삶이 여기 있다니, 청주 고인쇄박물관에는 나의 전신과도 같은 청타기가 타임캡슐로 보존되어 있었다. 그건 한낱 보존유물이 아니었다. 객관화된 사물도 아니었다. 삶의 한쪽을 단단하게 해준 고마운 또 다른 나였다. 한물간 시대의 유물이라 사람들은 건성으로 지나쳤으나 나는 붙박이가 되어 과거를 물끄러미 바라보았다. 무수한 말과 영상들이 가슴을 쳤다. 그건 창연한 빛으로 고요히 선정에 든 모습이었다. 타자 소리가 머릿속을 헤집었다. 탁탁탁탁탁~~~. 아득하지만 먼 태곳적 소리가 줌으로 다가왔다. 반갑지만 서늘한 그것, 이게 긴 세월 동고동락한 소리였다.

기억의 집에 저장된 것들이 디오라마로 펼쳐졌다. 기억은 시간을 지운 채 나를 오도카니 서 있게 했다. 어두침침한 골방에 덩그렇게 놓인 글자 제작기인 청타기, 낮·밤을 가리지 않고 그는 눈을 뜨고 있었다. 덩달아 나도 밤을 낮처럼 썼다. 밤은 좁았고 낮은 넓었다.

  문장을 만들기 위해 부지런히 글쇠 판을 두드리면 청아한 소리가 골방을 채웠던 시절, 기계라기보다 어쩌면 우리 가족의 명줄이었다. 청타기가 움직이는 시간이 늘수록 돈도 쌓였다. 오래 사용한 물건은 사용자의 혼이 깃드는지 잠시 벗어나면 나를 불러댔다. 성장기 아이들을 둔 엄마일망정 아이들보다 그에게 혼이 빠져 다른 일은 엄두도 내지 못했다. 어느새 오십 나이가 손에 잡힐 때까지 그는 내 사랑이었다.

  유물이 된 청타기, 컴퓨터가 일반화된 요샛날은 이름조차 생소하여 난생처음 보는 중생대 화석 같은 시간의 사물. 그러나 그건 용도 폐기된 단순한 물건이 아니다. 박제된 시간으로 봉인된 낡은 기계 덩이도 아니다. 젊은 날이 뭉텅 들어앉은 내 청춘의 둥지였고 영혼이 깃든 분신이었다. 과연 그 시절이 불행했을까? 전시된 청타기를 보고 있노라니 기억의 맥락이 넝쿨손처럼 뇌리에 뻗어나갔다. 아니 예정된 시간여행이 펼쳐졌다.

  어깨가 무너지고, 쇳덩어리 글자가 닳아질 정도로 두드리다 보니 소싯적 꿈은 블록쌓기를 해갔다. 처음부터 중심이 잡힌 것은 아니었다. 기울고 비틀비틀하다가 이내 와르르 무너지기를 거듭했다. 판도라 항아리에 얼비치는 희망이 보였다. 견고한 성이 멀리서 아른거렸다. 백조로 변한 오빠들의 마법을 풀어주기 위해 엘리제가 쐐기풀로 옷을 지었듯이 수인처럼 골방에 갇히어 단어를 만들어댔다. 글자 한 자 한 자가 모여 낱말이, 이것들이 정렬하여 문장이 되고, 문장은 이야기를 이루었다.

기관의 유인물, 교육계획서, 종교단체의 주보, 문중의 족보, 논문과 문인들의 작품집 등이 아침 햇살의 새싹처럼 얼굴을 내밀었다. 그것은 직접적인 자본으로 손에 쥐어졌다. 검은 활자들이 우리 집 역사를 기록했고, 가난을 풀어준 마법이었다. 하루하루가 단조롭고 돈 버는 목적 이외는 의미 없는 시간이라 여겼다. 무슨 사명감 따위는 없었고 순전히 먹고사는 방편이었다.

아이들은 커갔고, 글 만드는 사람으로 살게 했다. 대피소이자 보호막이었던 그, 절망의 늪에서 가족을 들어 올린 동아줄이었다. 진종일 기계를 부리느라 몸이 남아나지 않았지만 돈 쌓이는 재미를 준 희망고문자였다.

컴퓨터가 보급되던 90년대 중반에 인쇄의 중심이었던 청타기는 더는 쓸모가 없어졌다. 아니다. 쓸모가 없어진 것이 아니라 청타기는 그대로인데 사람들은 개구리 올챙이 적 생각 못 하고 컴퓨터로 갈아탔다. 집이 좁다는 핑계를 대며 나도 인연의 모든 기억을 으시딱딱하게 지우려 했다. 자리만 차지하는 짐 덩어리였다. 아파트 지하창고에 내팽개쳤다. 어쩌면 청춘의 호시절을 골방의 포로로 산 것을 감금해버리고 싶었는지도 모른다. 보물단지였지만 애물단지라고 여겼다. 그러니까- 엄밀히 말하면 버린 거나 마찬가지다. 그리고 긴 세월의 갈피 속에서 잊어버렸다.

몇 년이 지난 후에서야 창고를 열어보니 청타기는 체취마저 없어져 버렸다. 경비 아저씨가 오래전 고물상에게 주어버렸단다. 주인이 버렸는데 타인인들 거뒀겠는가. 집 기둥을 세워주었던 것을 생각하면 그러면 안 되는 것이었다. 배신감은 어땠을까? 청타기는 삶의 이야기를 만들어 줬고, 글이 몸 안으로 들어오게 했고, 우리 가정이 막막함에서 튼실하게 영글게 했던 보물이었다.

실컷 써먹고 한물갔다고 버려야 했을까? 쓸모없어지면 인연이야 어떻든 버려져야 하는가? 그럼 시들어가는 나도 버려져야 할 사람이 아닌가? 돌이켜보니 생각이 짧았다. 추억과 의미를 간과했던 경솔함은 단순히 물건 하나를 버린 것이 아니라 일부를 상실했다. 앞만 생각하는 얄팍함이 과거 연결고리를 끊어버린 셈이다. 그것밖에 되지 못한 가벼운 사람이었던가? 단세포적으로 사는지 몰랐다.

갈수록 작아지고 무능해지는 나, 아직 버려지지 않고 자리를 지킨다. 앞뒤 맞지 않는 처사다. 즉물적으로 버릇된 사고, 존재의 가벼움이 부끄럽다. 나는 버렸지만, 또 다른 그는 어딘가에서는 유물이 되어있으니 그나마 다행이다. 섣부른 판단으로 소중한 것들을 놓치고 살진 않는지?

나는 종지입니다

　번듯한 구첩반상은 말할 것도 없고, 쥐코밥상에도 그릇들이 차려집니다. 배가 고픈지 수저가 왔다 갔다 하네요. 그러다가 뭔가 아쉬운지 두리번거립니다. 나는 간장이나 된장, 소금이나 고추장을 담는 종지. 밥 먹는 이들이 종요롭게 보지 않지만 내가 없으면 밥상은 완성되지 않나 봅니다.
　우주는 큰 것과 작은 것으로 구성되잖아요. 이 크기는 부피만의 문제는 아닙니다. 모양과 형태에 따라 제각각 다른 기능이 있지요. 그래야 우주가 돌아갑니다. 밥상도 그렇습니다. 무연히 보면 별다른 것 없어 보이지만 눈을 열어 자세히 살피면 밥상도 세상 원리, 우주원리가 있답니다.
　사발, 대접, 접시 그리고 종지, 다들 형제입니다. 사람들은 우리를 그릇이라고 하지요. 종지는 접시나 사발 같은 큰 그릇에 묻혀 존재감이 없습니다. 작은 몸피에 못 갖춘마디로 태어난 난쟁이인 셈이지요. 당신의 태를 통했기 때문에 어쩔 수 없는 자식에 불과합니다. 하늘이 부여한 자연적, 필연적 사랑의 생명수가 흐르지 않거든요. 가끔 액세서리 노릇을 할 때도 있으나 골방의 찬장에 내쳐지기가 일쑤입니다.

열 손가락 깨물어 안 아픈 손가락 없다 하지만 생김새에 따라 취급도 달라집니다. 고만고만해도 무엇을 지녔는가에 따라 사람의 시선은 다르지요. 대접과 사발이 사랑을 받을 때 동그마니 나앉아 그들을 지켜보아야만 했습니다. 세상 그릇들은 모양새 좋게 제 몫을 하는데 왜 저는 이렇게 살까요. 제 탓일까요?

부모가 딸을 바리데기 취급을 하니 정신도 그리되더군요. 몸뚱어리를 탓하며 그저 맹하게 세월을 살아 먹었지요. 차별과 배제의 논리 밑에서 저 넓은 곳을 향하여 손을 내밀기는 어려웠습니다. 사랑에서 멀어져간 본질적인 공허함은 존재의 의미를 찾기가 힘들었어요. 속으로만 엉두덜거리며 자학의 공간으로 숨었습니다. 세상과의 고립이었지요. 그나마 다행인 것은 그다지 욕망하지 않았으니 불행하다는 생각까지는 안 했다는 것이지요.

지상에 닮은 건 하나도 없습니다. 자연도, 사람도, 사물도……. 염불도 못몫이요 소뿔도 제각각이라고 생김새도 다르고, 생각도 다릅니다. 다름이 있어 동서의 세계는 그토록 조화를 강조했나 싶습니다. 하지만 좋게 말해서 조화이지, 어울림은 말처럼 쉬운 게 아닙니다. 높이와 크기가 있는 사람들은 그것만 믿고 그렇지 않은 상대를 얕잡아 보기 일쑤지요.

이규보의 한문수필 가운데 〈슬견설〉이 있습니다. 이나 개, 모두 생명인데 작은 것을 죽이는 일은 거리낌이 없고, 큰 것은 꺼립니다. 외면에 따라 생명이 크고 작은 게 아닌데 말입니다. 대접도, 사발도, 양푼도 심지어는 바가지까지도 형제건만 그들에 비해 왜소해서 종지는 사람들의 시선이 잘 오지 않아요. 오히려 밥상에 올려져 있으면 한쪽으로 치워버립니다. 밥상의 천덕꾸러기 취급을 받는다고 하지 않을 수 없지요.

개는 크니까 생명이 소중하고, 작은 이[蝨]는 생명도 작다고 여긴다면 서러운 존재밖에 될 수가 없지요. 교훈성을 띤 것은 바로 이 때문인 것 같습니다. 겉의 크고 작음이 내부의 그것은 결코 아니라는 것이지요. 일찍이 노자가 말했잖아요. 작은 것은, 작은 것이 아니고 크다고. 생명 존중! 타자에게는 별 볼 일 없어 보이지만, 존재하는 모든 건 사실 존재를 유지하기 위해 저마다의 힘을 쏟는데 말입니다.

시간은 속상하게 사는 것을 눈치챘는지 훌쩍 지나가 주었습니다. 어느덧 중년이 되어버리더군요. 꿈도 욕망도 없이 세월에 밀리던 날, 거울 앞에 섰습니다. 초라한 모습에 정신이 번쩍 들더군요. 나도 모르게 욕망했을까요? 아니면 물극필반이었을까요? 욕망이 꿈틀거렸습니다. 어, 이게 뭐지? 짓눌려 있으면서도 가끔가다 불쑥불쑥 고개를 내밀어 깜짝깜짝 놀랐습니다. 무엇이 스멀스멀 올라오는 거예요. 고스락이 되고 싶은 욕망이 산다는 것을 알았어요.

 타인의 시선은 감옥이라는 말은 틀렸습니다. 그들도 나의 눈길을 의식했겠지요. 하지만 삶의 파문을 절대로 일으키지 않았어요. 그들은 아무런 죄가 없습니다. 오히려 나의 스승이 되었습니다. 나 아닌 사람들을 보면서 꾹꾹 눌러 온 보석이 언뜻언뜻 보였습니다. 그것을 꺼내는 데는 용기와 긴 시간이 필요했습니다.

 숨죽이고 있는 욕망을 일으켜 찬찬히 바라보았습니다. 부엌의 부지깽이처럼 하찮게만 생각했던 종지는 숙성된 간장, 된장, 고추장 같은 진국이 담기는 보배로운 집이었더군요. 이 양념들은 큰 대접이나 접시 같은 그릇에 담으면 볼품이 없어요. 맥도 모르고 진맥하는 엉터리 한의처럼 그야말로 몰 풍경, 몰상식이지요, 종지에 담아야 제격이니까요. 나름 제 몫이 있는 것인데 못난이 짓을 하였습니다.

 음식은 오행의 원리에 따라 단맛, 매운맛, 신맛, 쓴맛, 짠맛을 요구하게 되는데요. 그중에서 입맛을 맞추는 것은 단연 종지에 담긴 간기가 아닐까요? 간기는 다른 것들과 접속을 통해 생성과 변이를 거듭합니다. 이질적인 것들을 하나로 융합시키는 매개체 역할을 하지요. 된장이나 간장, 고추장이 내용물과 뒤엉켜 금세 입에 착 들러붙는 감칠맛을 냅니다. 존재 자체가 옅은 화학조미료가 아니라 전통으로 숙성된 천연 진액입니다. 음식 맛을 돋우고 증폭시켜 주는 하느님이 이스라엘 백성에게 내려주셨다는 만

나는 종지입니다

나입니다.

내가 없는 밥상은 진수성찬이 차려져도 뭔가 텅 비어있는 듯한 허전함을 숨길 수가 없을 것입니다. 종지가 놓인 밥상은 아무리 쥐코밥상이라도 격식을 갖춘 듯 눈이 환해진답니다. 어쩌면 음식과 불가분의 관계를 맺어 조화로운 균형을 이루어야만 하는 운명적 연인관계가 아닐는지요.

양나라 때의 화가 장승유가 절의 주지로부터 용을 그려달라는 부탁을 받았답니다. 금방이라도 검은 구름을 헤치고 날아오를 듯 모든 부분이 살아 움직이는 듯 그렸다지요. 그러나 완성으로 가지는 못했습니다. 왜냐하면 마지막 한 가지 눈동자가 빠졌던 게지요. 안료로 눈동자를 그려 넣었더니 그 용이 홀연히 구름을 타고 하늘로 올라가더랍니다. 종지에 담긴 양념들은 화룡점정 눈동자를 그렸던 바로 그 안료 같은 것입니다. 아무리 보기 좋게 음식을 만들었어도 양념으로 마무리를 해주지 않으면 미완에 그쳐요. 종지의 무엇이 들어가야 맹맹함에서 음식의 꼴을 갖추게 되는 것이지요.

홀로서기도 할 수 있지만, 단독자로서 개성보다는 타의 것에 흔연히 섞이어 더 깊은 맛을 내고 싶습니다. 모래알처럼 겉도는 것이 아니라, 한 살로 찰지게 어울려 약선藥膳이 되기를 희망해요. 혼자보다는 다른 것에 섞이어 빛이 나게 만드는 조력자, 얼마나 멋있는가요. 줏대 없이 느껴질 수도 있지만, 그것은 결코 주체성이 없어서가 아니라 소유에 집착하지 않고 속살인 양념을 다른 이에게 서슴없이 주는 아량이랍니다.

나 여기 있다고 드러내지 않는 겸손한 미덕을 갖춘, 없어서는 안 되는 입속의 혀 같은 존재지요. 혀는 입을 벌리기 이전에는 보이지 않지만 움직이면서 고갱이가 되어 꽃을 피웁니다. 혀가 움직여줘야 씹을 수 있고 맛을 느낄 수가 있습니다. 온몸에 피돌기가 돌아 살이 되고 피가 됩니다. 나무로 치면 뿌리가 되겠지요. 우리 눈에는 보이지 않지만 뿌리는 지상의 줄기와 잎을 성장시킵니다. 부실하면 열매를 기대하기 힘들겠죠.

종지의 양념도 똑같은 역할을 하지 않나요. 드러내지 않고 자신을 녹여 제 몫을 완벽하게 수행하는 내적인 힘을 간과할 수 없습니다. 세상은 눈에 보이는 것이 전부가 아니라는 것이 증명된 셈이네요. 드러내놓고 자선을 하는 부류도 있지만, 오른손이 하는 일을 왼손이 모르게 하는 숨은 손이 있습니다. 누가 알아주든 말든 묵묵히 자기 본연의 일을 한다는 것은 의미 있는 일 아닐까요.

그러니까 정情의 마음으로 타의 것들과 함께하는 자리이타의 삶을 좋아합니다. 홀로보다는 사랑으로 손잡아 짝을 이루고 싶습니다. 유별나지 않고 필요로 하는 곳에 섞이는 것이 즐겁습니다. 타인을 빛나게 하는 자타의 공생에 주저하지 않아요. 그렇다고 아무 데나 듬뿍담뿍 섞이는 것은 꺼려져요. 소탈한 것 같지만 함부로 대하는 것에는 민감하거든요. 섬세하지 않으면 본의 아니게 때론 악마처럼 문제를 발생시키기도 한답니다. 잘 사용하면 쾌快, 잘못 사용하면 망亡일 수도 있습니다. 한 자밤씩을 주문하는 까닭이 바로 여기에 있지요.

　매무새나 놓인 환경이 뭐 대수라고 자기 부정에 시달렸습니다. 온몸이 활짝 피는 시절에도 꽃이 되지 못했으니까요. 어처구니없게도 사양길에 접어들 무렵에서야 벽감에서 나왔습니다. 그런데 혁신은 중심이 아니라 변방에서 이루어지는가 봅니다. 골방에서 웅크리고 있던 종지가 밥상에 자주 등장할 것을 꿈엔들 알았겠습니까. 참 신통하고 대견합니다. 이름을 불러주었을 때 꽃이 되었다는 시처럼 말입니다. 그저 쪼끄만 그릇 하나에 불과하지만, 이름을 불러주는 그 날부터 종지는 꽃이 되었습니다. 와! 이렇게도 쓰일 곳이 많다니 새삼 놀랍고 뿌듯하네요.

　늦게 배운 도둑이 날 새는 줄 모른다고 했던가요. 꽃필 계절을 놓친 탓에 삶이 저잣거리처럼 분주하네요. 세상 밖으로 나온 발걸음이 경쾌합니다. 정체성을 찾아 종지로 살아가고 있는 것이 얼마나 뿌듯한지요. 요즈음에는 깜냥도 아닌데 밥상의 가운데에 놓여 사람들의 손길이 들락날락하네요. 간이 필요하십니까. 그렇다면 주목하십시오. 간을 맞추고, 음식의 맛을 돋을새김하는 나는 종지입니다.

잔향 殘香

강의실 귀퉁이에 하얀 기둥이 서 있다. 긴 세월 드나들었어도 보이지 않았다. 사회활동을 접고 들어앉은 막내딸이 밟혔을까. 갑자기 기둥이 아버지가 되어 다가왔다. 우두커니 시선을 꽂았다. 나도 모르게 어린아이 옹알이처럼 알아들을 수 없는 말을 중얼거렸다. "정신이 살아있어야 한다."라는 아버지의 음성이 잔향 殘香으로 껴울림되었다.

세상은 있는 것과 없는 것, 존재와 비존재를 가락가락 나눠서 생각한다. 내동 없던 것이 의미가 되어 들어오는 것을 보면 존재나 현상의 여부는 이성적 사유가 만든 독선이지 않을까. 없는 것은 정녕 없는 게 아니었다. 과거는 시간에 의해 지워졌으나 사랑했던 사람의 체취와 언어는 내재해 있었다.

예전 모습이 아니다. 날이 서고, 얼음처럼 차갑고, 너무 희어서 기댈 수 없었던 위엄은 온데간데없다. 꽐을 펴 안았다. 따뜻한 훈김 이제야 적신다. 간절히 원했지만 단 한 번도 품을 내어

주시지 않았던 아버지였지 않은가. 깊은 정을 두고도 표현이 짧은 아비도, 그 피를 이어받은 딸도 서로 다가갈 줄 몰랐다.

아버지는 날마다 장마철이었다. 몸이 쑤신다며 주무르고 밟기를 끊임없이 요구하셨다. 꾸벅꾸벅 졸아가며 영혼 없이 주물렀다. 주무시는 것 같아 슬그머니 멈추면 "안 잔다." 이어지는 소리에 속으로만 꿍얼거렸을 뿐 다시 붙박이가 되어 몸살을 쳤다. 동생들과 겨끔내기였지만 진절머리가 났다. 직장생활을 하시며 행세깨나 하시는 양반인데 집안에서는 왈살스러우셨다.

아들딸 구분을 얼마나 해대시는지. 딸년이 책 봐서 뭣하냐. 빨리 불 꺼라. 비누 아껴 써라. 문턱 밟지 마라. 버르장머리 없이 어른 밥 먹기 전에 누가 수저를 드느냐. 계집애가 빠릿빠릿하지 못하고 청처짐하냐. 사람은 정신이 살아야 하는데 정신상태가 썩어빠졌다. 입버릇처럼 잔소리, 긴소리가 수도 없이 귀에 딱지가 들어앉을 정도로 흘러나왔다. 지겨웠고 도망치고 싶었다. 아버지만 나타나면 긴장하며 웃던 웃음마저도 숨겼다.

소통이 없으면 불만이 태어나기 마련이다. 당신의 소리로 벽을 만들어 옴짝달싹하지 못하게 가두었다. 소리 감옥에서 눈빛을 낮췄다. 그럴수록 불만은 키가 커졌다. 가슴 시려하며 불만을 삼키며 살았다. 시집을 가서 아이 낳아 키우면서는 더더욱 이해할 수 없었다.

지나온 삶을 물끄러미 바라본다. 생각해보니 울퉁불퉁하다.

굴곡을 넘으며 여기까지 오게 된 것은 짱짱한 근육이었다. 아버지의 말씀이 언제인지도 모르게 잠언으로 스며들었다. 잔소리가 교육이었고 은연중에 의지력이 키워졌다. 꾸지람은 내 안의 마음을 따라가는 종직심從直心으로 승화된 성장촉진제였다.

파도치고 바람 불어 비틀거리다가도 우뚝 섰고, 장애물을 만나 주저앉으면 다시 일어나 허들을 넘을 수 있었다. 사랑이 배고파 울었지만 강인한 정신력이 길러졌다. 개인사는 혈육이 시원始原이 되는 걸까? 고난이 닥칠 때마다 나름의 뼈대를 세웠다. 정신력이 없었다면 흐물흐물하여 무너질 수도 있었다. 살아온 세월이 나쁘지 않았던 것은 아버지의 쓴소리 덕이 아니었을까. 물려준 정신력은, 내가 어디에 있는지만 인식하고 살아도 헛발은 디디지 않을 것 같다.

세월이 흘렀다. 지나간 시간을 둘러보면 후회막급하다. 아버지를 생물학적 의미 말고는 그 이상도 이하도 아니라고 여겼다. 거리두기를 하고, 일이 뒤틀릴 때마다 탓을 하며 내가 미치지 않는 부분을 합리화시켰다. 아버지의 사랑은 눈곱만큼도 존재하지 않는다고 생각했다. 오독으로 헛짚었음이다.

잘못된 기억임을 알고 원망을 내려놓으니 아버지는 곁에 안 계셨다. 어리석은 나는 벽만 보았을 뿐 전체를 보지 못했다. 근시안적인 왜곡된 판단이 청맹과니로 만들었다. "육신을 지배하는 것은 정신이니, 정신이 살아있어야 한다."라는 말씀이 푸른 고갱이 되어 화석으로 박혔다.

  아버지는 자식을 여덟이나 두었다. 척박한 현실에 어깨가 짓눌렀을 것이다. 재산은 넉넉지 않고 정신력이라도 키워주고 싶으셨으리라. 그만의 사랑법이었다. 허구한 날 삭신이 쑤셔댄 것도 8남매를 지켜낸 통증이었을까.

마들가리 울 언니

　이것이 인생이다. 울 언니가 그랬다.
　8형제의 맏이인 언니의 인생이 흘러가는 구름처럼 눈앞에서 명멸한다. 내가 초등학교 졸업하던 해에 언니는 집 마당에서 연지곤지 찍고 결혼식을 올렸다. 시집가기 전날 밤, 이웃 동네 사람들 열댓 명이 모여 옷감과 옷가지 등 시집갈 때 가지고 갈 혼수품을 챙기고 음식을 장만하며 잔치 준비를 했다. 어린 나는 두통이 심해 벽에 머리를 짓찧으면서 밤새도록 울며 날 밝기를 기다렸다. 언니의 불행을 예시하려고 그다지도 머리가 아팠을까. 그렇게 언니의 사회적 삶이 시작되었다.
　언니가 올해 팔순을 넘겼다. 백세시대에 팔순을 넘긴 것은 큰 사건이 아니다. 언니에게 빨간불이 켜졌다. 갑작스레 발견된 폐암이 뼈까지 전이되었다는 것이다. 몇 개월 정도밖에 남지 않았단다. 그야말로 말 갈 데, 소 갈 데 가리지 않으며 애오라지 자식 건사에 몸을 부수었던 언니, 새끼 새들을 키우는 동안 막상 자신은 헐렁하게 가벼워졌으리라.

언니 나이 34살에 형부는 갑작죽음으로 세상을 떠났다. 재산이라고는 빚으로 기둥을 이룬 시골 방앗간 하나, 하루아침에 가장이 되어 자식 넷을 책임져야 했다. 막내딸이 갓 백일을 넘겼었다. 기가 막힌 일이었다. 날마다 절벽에 바윗덩어리 올리기만큼이나 힘이 들었을 것이다. 시시포스의 운명이 주어졌지만 역시 엄마는 강했다. 엄마만 바라보는 자식들과 먹고살기 위해 노점상도, 남의 집 빨래도, 고물을 줍기도 하며 손 지문을 지웠다. 모성애로 자식 넷을 기적처럼 키워낸 울 언니. 우람한 나무에 새가 깃들 듯 자식들은 엄마의 품에서 꿈을 꾸곤 했다.

대를 이을 아들이 잘되어야 집안이 일어난다는 아버지의 강파름이 큰언니를 살림 밑천으로 주저앉혔다. 그런 언니는 집안일을 야무지게도 해냈다. 맏이는 당연히 그래야 하는 줄 알고 부모님의 노동을 벌충했다. 큰언니의 손은 부모님의 연장이었다. 누구보다도 총명하고 손재주가 많았지만, 사흘거리로 결석해가며 겨우 초등학교를 졸업했을 뿐이다. 일곱이나 되는 동생들의 치다꺼리며 집안 살림을 도맡았다.

부모와 시대에 대한 원망, 인생을 강요된 희생으로만 살아야 했던 분노에 엎친 데 덮친 격으로 여자 혼자 힘으로 자식을 건사해야 하는 운명이었다. 고통과 질시, 서러움, 외로움, 그리움 그리고 남보다 뛰어난 재주가 넘쳐 활화산같이 분출하는 꿈을 버릴 수밖에 없었던 푸른 멍들이 언니의 눈빛에서는 언제나 어른거렸다.

싹씨를 내려 성장하기까지 고통을 통과하지 않는 것은 아무것도 없다. 하물며 욕망을 비벼대며 부대끼는 사람은 말할 필요도 없다. 그 신산스러운 길은 애추에서 쏟아져 나온 바위츠렁을 맨발로 걷는 기분이었을 것이다.

유난히 추운 겨울날이었다. "야, 막내야. 시내버스를 기다리다가 정거장 벽에 붙어 있는 시가 너무 좋아 적어왔는데 한번 볼래?" 하면서 삐뚤빼뚤 베껴온 시 수첩을 꺼냈다. 정신없이 적는데 버스가 와 한 줄은 외워서 차 안에서 썼지만, 마지막 한 줄은 못 썼다면서 몹시 안타까워했다.

추운 것도 아랑곳하지 않고 시에 마음을 빼앗겨 옮겨 적고 있었을 언니의 모습에 내 마음은 행복한 세상이 만들어졌다. 찌든 삶을 살면서도 마음 한편에 서정을 키웠던 언니, 엄동설한에 시가 좋아 곱은 손으로 수첩에 옮겨 적었다는 말을 듣고 애잔하기도 하고 언니의 모습이 낯설게 아름다웠다.

한 줄의 시가 삶 속에 머물면서 푸른 멍을 문질러 주었을 테고, 고단한 하루를 보듬어 위로해주었을 것이다. 고난의 세월을 무던히도 잘 견디더니 어느 때부터는 돈 걱정 안 하고 살 정도가 되어 자가용까지 마련하였다. 감꽃처럼 시심을 감싸던 그런 언니가 냉골 여자가 되어갔다. 형제·자매는 당연히 큰언니를 의

아하게 여겼다. 해도 해도 너무한다고 지청구 놓기 일쑤였다. 언니가 이해되질 않았다.

'자네들 말도 말어. 징하게 살아온 세월, 글로 쓴다면 소설책 몇 권이 나올지 몰라.'

그렇다. 언니의 말대로 소설책 몇 권이 쉽게 나올 정도로 언니는 힘든 생을 살았다. 습관이 운명을 만든다고 했던가. 언니는 살아온 세월이 지겹다면서도 얄미울 정도로 궁상떨며 단돈 천 원도 주저하며 쓰지를 못한다. 무엇을 위하여 그렇게 사는지 도대체 알 수가 없다.

"언니, 이제는 살 만큼 사니까 바보처럼 그러지 말고 제발 언니를 위해서 좀 살아. 나이가 지금 몇인데?"

하고 성화를 대면 말로는

"늙고 보니 그까짓 돈 다 필요 없더라. 집이 세 채면 뭐 하냐."

하면서도 노인 일자리를 찾아다니고 상자를 주워다 팔며 돈 바라기가 되었다. 이젠 자신한테도 대접해 주면 좋으련만 속이 터질 정도로 울안에 갇혀 다른 길에 발을 딛질 못한다.

언니에게 생의 결과물은 무엇이었을까. 야윈 그림자만 데리고 사는 고단한 삶, 형제들하고도 섞이지 못하고 벽을 만들어갔다. 그런 언니가 안타깝고 화가 치밀어 은근히 무시하며 때론 데면데면 해버렸다. 우울증에 시달린다는 말을 들으면서도 등을 돌렸다. 이제 와 생각하니 정신이 결핍된 환자로 생각했더라면 이해 못 할 것도 없었다. 언니는 보통 우울증 환자에게 나타난다는 편집증을 앓지 않았나 싶다.

　언니, 언니 미안해. 지금은 이 말밖에는 할 수가 없다.

　언니는 이제 마들가리가 되어 혹한의 겨울을 건너고 있다. 얼음이 녹았다 얼었다 몇 번 하다 보면 겨울마저 가버리겠지. 생각할수록 큰 언니에게 했던 일들이 부끄러운 탑을 만든다. 앞으로 닥칠 언니의 고통에 따뜻하게 손을 잡아주어야겠다. 언니! 곧 봄이에요. 어서 잎 순을 열어 다시 꽃을 만들어야잖아요.

대나무에 눈이 있었어

푸른 눈과 마주쳤어. 순간 당황도 되고 뭐랄까, 태초의 신비가 쏴~악! 밀려오는데 흑기사라도 만난 것처럼 묘한 설렘이었지. 온몸 여기저기서 톡톡톡 램프가 켜지는 거야. 어릴 적 시골집 뒤꼍에서 귀신처럼 너울거렸던 그가 아니야. 모처럼 나들이 감정에 빠져서 그럴 수도 있겠지만 기골이 장대한 선비로 보였어. 나무도 아니라는데 그토록 치솟을 수 있다니. 같이 있다는 것만으로도 녹아들지 뭐야. 오래사귄 연인처럼 친밀감이 오데. 고백을 들은 것은 아니고. 눈을 마주쳤을 뿐인데 마음이 동했어. 콩깍지가 씌었어도 암시랑토 않았어. 그저 좋기만 한걸.

바람 불어 좋은 날 섬진강 변 대숲에 간다. 강가에서 헤매던 구름 어리고 봄의 푸르름 만연하다. 아침의 햇살 황금빛 줄기로 대나무숲에 든다. 건장한 청년이 마디마디 푸른 꽃잎을 달고 수직상승이다. 인고의 시간은 마디에 새기고 초록의 몸체를 하늘에

오영석 作

대나무에 눈이 있었어

닿을 듯 쭉쭉 뻗어낸다. 속을 비워내고 용솟음치는 저 기백이라 니, 철심을 박은 듯 꼿꼿하다. 바람 불어오니 고집을 세우기보다 는 바람과 한 몸이 되어 늠실늠실 파도타기를 한다. 시골 마당 간 짓대처럼 낭창낭창 몸을 맡긴다. 그는 세상의 흐름을 아는 도인 이다. 대쪽 같다고들 하지만 온화하고 편안하다. 세상의 풍파에 더러는 비틀거려도 이내 곧추세우는 강인함은 의지의 표상이다.

대숲은 봄이면 바람을 기다린다. 바람은 붙박이로 사는 그에게 산과 들의 이야기를 담아 겅중겅중 달려와 준다. 강한 바람에 대나무는 통째로 뽑힐 듯 요동을 친다. 무턱대고 흔들리는 척, 그러나 아랫도리는 늠연하다. 체통을 지키느라고 온전히 흔들리지 못하는 소나무와는 달리 휘청거려 넘어지는 척 능청을 부린다. 우듬지로는 마치 손자가 할아버지한테 어리광을 피우듯 재롱을 떤다.

중심은 단단히 지탱하면서 그냥 흔들려주는 것이다. 이건 억지로 버티는 것이 아니고 바람과의 놀이다. 무조건 의지대로 고집을 피우면 꺾이고 만다는 것을 알고 있다. 상호 보완을 이루는 상생의 몸짓. 그렇게 바람이 한바탕 대숲의 응어리를 풀어주면, 대숲은 스르륵 쏴 쏴아악 노래로 응답한다.

바람이 부느냐? 그러면 함께 놀아라. 세상살이는 흐름을 따라야 즐겁고 신간이 편하다고 말한다. 자연의 무희에 절로 몸이 흔들어진다. 자연과 자연, 자연과 사람이 손잡는 아름다운 세상이다.

대나무처럼 분명한 마디로 사는 것이 또 있을까? 그는 인생을 확실히 규정짓는 것 같아. 어렸을 때 모든 마디를 만들고 평생 그 마디들을 돌보면서 산다지. 멈춰 성찰하며 삶의 무늬를 바꾸어 가면서 말이야. 한번 곧아지면 구부러짐이란 없는 성정으로 비곗덩 어리를 도려내겠지. 최대치로 노력하고 하늘의 뜻을 바라는 태도 일 거야.

　나이 탓하며 발만 동동거리다가 꼼짝없이 들켜버렸어. 그가 묻데. 살아온 인생이 그리도 아쉽냐고? 안타까운 듯 푸른 눈빛으로 바라보면서 말이야. 씨알데기 없이 갈망만 하지 말고 무엇이든지 해보라는 거야. 잘생긴 외모도 외모려니와 그 속 깊음에 더 반한 거지 뭐.

대나무에 눈이 있었어

몸은 바쁜데 마음이 심심해서

목적지는 휘뚜루마뚜루다. 마음 가는데 발길을 놓다 보면 폭포도 만나고, 눈길을 사로잡는 절경이 발걸음을 붙잡는다. 도시의 화려함도, 구중 산골도 아니다. 산이 둘러쳐 있고 천이 흐르는 내가 살았던 고향과 닮은 곳에 마음을 놓는다. 기본만 갖춰진다면 시골일수록 좋다. 몸에 배어버린 도시의 편리성을 배제할 수 없으니 그 부분은 어쩔 수가 없다.

나는 천상 촌 여자다. 어머니 뱃속에서 으앙 울고 맞닥뜨린 세상은 송이버섯 같은 지붕을 한 초가집 몇 채가 동네를 이루었다. 앞에는 실개천이 흐르고 뒷동산에는 마을의 수호신처럼 큰 소나무 몇 그루와 작달막한 참나무를 청미래덩굴이 타고 올라갔었다. 가을이면 청미래덩굴은 동그랗고 이쁜 빨강 열매를 참나무에 달았다.

살다 보니 도심 깊이 들어가 있었다. 어색함 없이 문명 속에서 춤추며 반평생을 보내는 사이 고향은 부서지고 무너졌다. 그간 내게 회귀의 길을 잃지 않도록 신호를 보냈을 것이다.

  귀퉁이에 숨어있는 심심함이 볼멘소리를 낸다. 그 심심함은 할 일이 없어 오는 적적함이 아니다. 방향키를 눌러 변화된 시간을 가져보라는 주문이다. 삶의 여유인지, 가는세월에 대한 아쉬움인지 몸은 바쁜데 집을 떠나자고 자꾸만 쏘삭거린다. 고질병인 역마살이 발동한다.

  햇살을 마주하기보다는 울안에서 살아야 하는 도시의 생활, 유령의 경쟁자를 설정하고 가랑이 찢어지도록 달려야만 잘살고 있는 것처럼 느껴졌다. 스스로 만든 족쇄다. 부단히 움직이며 무엇인가를 채워보지만, 성에 차지 않아 갈등하고 아파하며 어깨에 한 짐을 짊어졌다. 삶을 옭아매는 어쩌지 못하는 그물, 낙오자가 되지 않기 위해서는 전투 같은 삶을 살아내야 한다는 강박, 처처의 타인의 시선들, 조명이 너무 밝아 적나라하게 드러난 실체, 인간 멀미가 나는 아우성의 사람들, 줏대 없는 나는 흔들거렸다.

  해찰하며 걸어도 한 바퀴 둘러보는 데 한 시간 남짓이다. 소도시라 해도 종합선물 세트처럼 있을 것은 어지간히 다 있다. 걷고, 뛰고, 소리 내어 달려도 나무라는 사람 없어 좋다. 읍내를 한 바퀴 돌아 분위기를 탐색한다. 세밀한 그 무엇을 찾아 나선다. 비슷하지만 다름을 발견한다. 동네마다 물소리, 바람 소리 맛이 다르다. 다듬어진 길이 끝나자 야생의 길이 끝없이 이어진다. 논둑도 언덕도 산도, 들도 다 만날 수 있는 시골길. 소싯적 실력을 발휘해 자전거를 타고 끝까지 달리고 싶다. 시간이 더디게 지나가는 듯 여유롭다. 시간의 흐름에 예민하지 않아도 되는 유유자적이다.

도무도로 천변길을 걷는다. 초록 바람을 싣고 냇가에 구름 몇 점이 앞장을 선다. 언덕배기 드문드문 야생의 꽃들이 인사한다. 내가 반갑단다. 저 꽃들은 세상과 관계없이 무소의 뿔처럼 홀로 아름답다. 자연스러운 자연이다.

어젯밤 비로 보폭이 큰 물살이 마을의 잡다한 찌꺼기를 씻어내린다. 헝클어진 영혼이 빗질이 된다. 먼발치에서 해오라기 한 마리 끝 간데없는 허공을 쳐다본다. 저 새는 무슨 생각으로 골똘할까? 분명 먹을 것을 찾지는 않는 것 같다. 외로워서? 아니면 무슨 고뇌가 있는 것일까? 속내도 모르면서 혼자 있는 것 자체만으로 외로울 것으로 생각하는 나의 오산. 살면서 내 본

위대로 판단한 것들이 많았을 거다.

　유년의 시간이 거주하는 장소에 있다. 자본이 물들이지 않은 사방이 뻥 뚫린 자연이다. 잠시나마 고향에 와 있는 듯 편안하다. 살아가는 이유와 어떻게 살아야 하는지를 질문하며 사부작사부작 걷는다. 넉넉하다. 나만 부지런하면 하늘도 천변도 모두가 내 것으로 소유된다. 자연에 등 기댄 조급함 없는 아날로그적 시간이다. 자연을 만났을 때만이 느낄 수 있는 자유요, 포만감이다.

　언덕바지 풀밭이 바람에 빗질을 한 듯 줄도 다듬어졌다. 그냥 지나치려다가 바쁠 필요가 없어 다리쉼도 할 겸 앉았다. 한참을 풀냄새 맡으며 파란 하늘까지 만끽하다 일어설까 하는데 저만치서 그늘사초 한 무더기 눈길을 끈다. 가는 잎이 인도에까지 늘어져 지나다니는 사람에게 밟힐 수가 있으니 땋아주어야겠다. 쪼그려 앉아 두 딸 키울 때 머리 손질을 해주었던 요모조모 솜씨로 곱게 땋아 풀잎을 고무줄 삼아 묶었다. 갈래머리가 단정하다. 근데, 내가 가버리면 묶어진 채 지내야 하는데 이건 아닌 것 같다. 긴 머리가 본연인데 그늘사초가 원하지 않을 것 같아 다시 풀었다.

　새까만 옷을 입은 긴 뿔을 가진 염소가 내 몸짓을 지켜본 모양이다. 잘했다는 듯 맴맴 소리를 낸다. 다리를 접고 나른한 오후를 쉬고 있던 누렁소도 고개를 끄덕끄덕하며 되새김질하는 것이 역시 똑같은 생각인 것 같다. 염소도 누렁소도 시간을 잊고 여유롭다. 나도 덩달아 시간을 내려놓는다.

바늘 여인

딸이 입던 청바지가 눈에 들어와 리폼하려고 반짇고리를 꺼냈다. 오래 함께한 바느질 바구니다. 그 안에 사는 것들이 어디로 가지 않고 지난번 넣어둔 대로 다들 얌전히 자리를 지키고 있을 테지만, 바로 열지 않고 잠시 바라본다. 시간이 훌쩍 뒤로 돌아간다. 너무 많이 돌아갔는지 이상한 울림이 다가온다.

'너는 미묘함과 특별한 재치를 가졌으니, 물중物中의 명물名物이요, 굳세고 곧기는 만고萬古의 충절忠節이라. 추호秋毫 같은 부리는 말하는 듯하고, 귀는 바느질하는 사람의 소리를 듣는 듯 쫑긋하고 그 민첩하고 섬세함은 능라綾羅와 비단緋緞에 난봉鸞鳳과 공작孔雀을 수놓을 제, 신기神奇함은 귀신이 돕는 듯하다.'

조선 순조 때에 유씨 부인이 쓴 조침문이다.

잠시의 시간여행에서 돌아와 반짇고리를 열었다. 색색의 실과 각각의 바늘이 들어있다. 시집올 때 가지고 온 것이 낡아 두 번째 마련한 반짇고리다. 다른 이에게는 낡고 비중 없는 물건으로 보이겠지만 내겐 무시로 손잡고 싶은, 귀신이 돕는 듯 신기하게 요술을 부리는 친구들의 집이다.

바늘을 현대인들이 귀히 여기지 않는 것은 효용가치가 없어서가 아니라 산업화로 제품이 다량 생산되어 필요성을 느끼지 않는 까닭이다. 일부 부류에서 사용할 뿐, 모르긴 몰라도 지니고 살지 않는 가정도 꽤 있겠다. 값싸고 흔한 물건으로 취급하지만, 바늘이야말로 무엇보다도 종요롭고 귀한 재주꾼이다.

사람에 따라 삶의 무늬가 각기 다르듯이 생김새나 크기에 따라 쓰임새도, 효용 되는 실의 굵기도 달라진다. 코바늘, 대바늘, 돗바늘, 주삿바늘, 낚싯바늘, 시곗바늘, 재봉틀 바늘, 바늘도 형제가 많다. 그들은 각자 소질을 계발하고 맡은 바에 최선을 다하여 사람의 도구로 세상을 꾸민다.

모든 것이 변한다지만 세월이 흘러도 변하지 않는 것이 바로 바늘이지 싶다. 견고하고 섬세하고 무심한 듯 차갑지만 따뜻한 여인에 가깝다. 혹여 부러지는 한이 있어도 휘어지지 않는 절개의 여인이다. 오랫동안 찾지 않아도 불만을 품지 않고 반짇고리에서 기다려준다. 모처럼 손에 쥐어도 낯설지 않게 어제 만난 것처럼 최선을 다하려고 노력한다. 나이를 먹어도 늙지 않고 시간이 지날수록 오히려 손에 맞추어 깊이를 더해 안긴다.

이어주고, 꿰매주고 갖은 방법으로 수를 놓는다. 재주를 부려 소용하는 사람의 입이 벙글어지게 하는 것을 기쁨으로 여기는

바늘 여인

순정파다. 생산해내는 것을 보면 사랑스럽지 아니할 수가 없다. 한번 빠지면 쉬이 빠져나오지 못하게 애살맞다.

바늘에 실을 꿸라치면 실이 잘 들어가게 귀를 쫑긋 세워준다. 실과 사람의 손길과 삼체가 되어 마술의 향연을 펼친다. 홈질, 박음질, 감침질, 공그르기, 상침질, 시침질, 새발뜨기, 휘갑치기로 사람 말을 알아듣는 듯 솔기의 기법을 연출한다. 곤충 핀처럼 작은 바늘도 명주실을 만나면 동양자수가 수놓아진다. 금침이 만들어지고 열두 폭 병풍이 완성된다. 동양자수만 놓는 것이 아니다. 서양의 프랑스자수도 작은 바늘이 해낸다. 그렇다고 손방인 사람에게까지는 허용하지 않는다.

한 뼘 정도 길이에 버선코처럼 단순히 귀가 달린 코바늘은 또 어떤가. 생산해내는 것들은 거창하다. 소품을 비롯하여 오만가지 요술을 부린다. 코바늘과 달리 귀도 없는 대바늘은? 대나무를 깎아 끝만 뾰족하게 만든 막대기에 불과한데 겉뜨기와 안뜨기로 코를 기막히게 교차시킨다. 기하학적인 방법을 발휘하여서 한 땀씩 엮어내는 것을 보면 입이 딱 벌어진다. 지극히 단순하지만 무한함을 낳는다. 오로라 공주의 손가락을 찔러 숲속 잠자는 공주를 만들기도 하였지만, 바늘을 사랑하는 사람들은 무시로 만나서 소통하는 애장품이다.

바늘은 날카로워 찌른다는 개념만 생각하면 섬뜩하다. 그 찌르는 수단을 이용해 서로를 이어주는 매개체 역할을 한다. 피돌기가 돌게하고 맥박이 뛰게 하고 한 생명을 태동시킨다. 예리하고 날카로운 이유는 아프지 않게 하기 위함이고, 찌름은 생성을 위한 것이다. 결코 해하고자 함이 아닌데 잘못 사용해서 더러는 문제가 발생하기도 한다.

모든 사물은 양날의 날개처럼 순기능과 역기능이 있다. 창조와 파괴의 두 힘, 모순적 대립으로 선과 악을 지닌 물체다. 부정과 긍정이 존립한다. 생명도 주지만, 때론 독침이 되어 파괴의 기능도 마다하지 않는다.

딸이 입던 청바지를 들고 여기저기를 눈으로 가늠해본다. 가늠해보는 것으로는 부족하다. 새로 탄생할 모습을 여러 개 무대에 올려 걷게 한다. 이게 좋을까, 저게 좋을까. 모두 각각의 매력이 있다. 결정하기 어렵다. 한꺼번에 무대를 걷게 한다. 그래, 저게 좋겠다!

바늘 끝으로 허공의 기를 실 가닥에 넣는다. 세상의 깊이를 가늠하며 우주를 꿰맨다. 생을 풀어내듯 늦췄다가 당기고, 당겼다가 늦추는 반복의 손놀림은 너와 나를 잇는다. 바람 가는 데 구름 가듯이, 바늘 가는 데 실 가고 바느질하기를 좋아하는 나도 함께 간다.

바늘 여인

푸른 소나무와 뻐꾸기 소리

어릴 적 살던 집은 비산비야의 너른 땅이었다. 축구장 네댓 개 넓이의 운동장, 쑥과 벌금다지를 시작으로 봄이 제자리를 잡으면 대지는 온통 초록의 물결이었다. 바람이 스칠 적마다 초록 물살이 일렁였다. 나비들의 아름다운 곡선무용이 장관이었다. 사금파리만한 내 가슴은 그렇게 채워졌다.

엄한 아버지의 차돌 같은 소리가 귓속에 파고들 때마다 어머니 치맛자락을 붙잡았다. 어머니는 호밋자루만 물로 씻을 뿐 눈길도 주지 않았다. 전혀 살갑지 않았던 어머니, 그녀의 함지박만한 가슴에도 초록 물살이 들어있었을까?

유독 눈을 잡아당기는 게 있었다. 푸른 소나무 한 그루다. 터줏대감인 양, 소나무는 대지를 굽어보며 자잘한 풀들을 지켜봤다. 부는 바람에 비해 너무 흔들린다고 야단치는 듯, 피 좋은 소나무는 어지간한 바람에는 미동도 하지 않았다. 마치 곁을 주지 않는 아버지 같았다. 다소 길쯤한 키, 소나무는 풀들이 바람에

눕고 일어나는 걸 보면서 즐기는 듯했다. 어머니는 너른 대지에 한 점이 되어 초원을 무릎걸음으로 누비었다. 봄볕에 얼굴은 숯 검정이었고, 손은 햇빛이 갉아 먹은 듯 부지깽이처럼 북두갈고리가 되었다.

먼발치에서 아버지의 기침 소리가 나면 어머니는 반사적으로 튕겨 나가듯 호미를 내던지고 부리나케 밥상을 차렸다. 아버지의 불같은 성화가 어머니의 발길을 성급하게 끌고 갔다.

"남편이 올 때가 되면, 밥상을 차려놓아야 할 거 아냐!"

허둥거리는 치마에 손을 닦으며 어머니는 대꾸 한마디 않으셨다. 그때마다 소나무 껍질은 붉어졌다. 저녁나절인데도 아침 노을빛을 띠고 있었다. 먼 데서 뻐꾸기 소리가 혼자 걸어왔다. 어머니는 위안이라도 삼는지 뻐꾸기 소리를 끌어당겼다. 당신의 소리를 뻐꾸기가 대신이라도 하는 양, 그저 뻐꾸기 우는 데를 한참이나 바라보곤 하셨다.

언니들을 핑계 삼아 언제나 배돌이로 지냈다. 속이 찬 언니들은 어머니의 손을 대신하기도 했지만, 나는 뻐꾸기 소리처럼 늘 혼자서 마구잡이로 돌아다녔다. 복사꽃이 피는 날에도 봄은 잔인했다. 오랜 시간, 마디 긴 바람이 불어왔다. 해종일 풀을 메고 씨를 뿌리는 어머니가 자닝하게 보였다. 도와드려야겠다는 마음은 들었지만, 속마음과 달리 엇나가기 일쑤였다. 그 누구도 붙잡지 못하는 바람 한 올이었다.

다시 페달을 밟는다

오영석 作

몸 비벼대며 으악새 슬피 울면, 저 멀리 밭틀길에서 햇살 받아 반짝이는 미루나무를 보며 눈물지었다. 여기저기에 눈을 주다가 매칼없이 애꿎은 풀들을 발로 문질러 댔다. 들깻잎 한주먹 따서 향을 맞다가 고수레라도 하는 듯 조몰락거리어 주변에 흩뿌렸다. 그것도 싫증 나면 밭둑 들국화 몇 송이를 꺾어와 내던지고 발딱 드러누워 책을 봤다. 펼친 책의 여백은 무심결에 끄적거리는 글자들로 채워졌다. 문장으로 꿰지도 못할 낱말들이 우줄우줄 기어 나왔다. 써놓고도 무슨 뜻인지 몰라 한참이나 굽어봤다. 아마도 숨은 말들이 펜이라는 출구로 나오는듯 싶었다. 그러다가 울컥 목이 멨다.

돌아누워 누렇게 빛바랜 벽지를 보았다. 사방 연속 꽃무늬. 꽃들은 둥글게 다른 꽃들과 어깨를 걸고 하나의 무늬를 이루었다. 그 벽지가 꽃밭이라도 되는 양 개미들은 천정에서 바닥으로, 바닥에서 천정으로 줄지어 나들이했다. 그들은 어김없이 몸을 부딪치며 애정 표현을 하고 지나갔다. 한참을 멍하니 바라보았다. 사금파리만한 가슴에서 뭔가 모를 그리움이 팍 피어났다. 아버지, 어머니, 언니들, 여린 풀들과 소나무, 바람과 뻐꾸기……. 이런 것들이 벽지의 그림처럼 꽃무늬를 이루었으면, 개미들처럼 온기가 있었으면 하는 생각에 목울대가 뜨거워졌다.

뻐꾸기 소리가 문틈 사이로 비집고 들어왔다. 볼 수도 없는 소리를 눈으로 더듬었다. 창호지 문에 걸어놓은 작은 유리창으로 소나무가 들어왔다. 소나무에 뻐꾸기 소리가 얹혔다.

 반백 년이 훌쩍 지난 어느 봄날, 푸른 소나무와 뻐꾸기 소리가 그리워 고향을 찾았다. 어릴 적 초록물살 대신 매캐한 황톳빛 바람이 쏘다녔다. 푸른 소나무는 잘려 나가 흔적도 없다. 봄이면 어김없이 찾아주던 뻐꾹 뻐뻐꾹 소리도 들리지 않았다. 한참 동안 마음의 스크린에 어릴 적을 띄웠다. 푸른 소나무에 뻐꾸기 소리가 앉아 있는 빛바랜 영상에서 뻐꾹 뻐꾹 소리가 났다. 왠지 그 소리가 푸른 소나무를 보듬는 것 같았다.

별똥별 꿈

가자, 오래전부터 꿈꾸어왔지만 이루지 못했던 것 중의 한 가지가 산티아고 순례다. 편안한 휴식을 하며 텔레비전을 통하여 순례자의 거친 호흡소리를 듣는다. 문득 가슴에 북받쳐오는 그 무엇이 눈물을 흘리게 한다. 나도 저곳에 가고 싶어. 갈 수 있어. 멋있고 행복한 시간이 될 거야. 동경했던 것이 코앞에 서성거려 가슴이 두근거렸다. 마법처럼 끌어당기는 가고 싶다는 욕망이 주체할 수 없이 치밀어 올랐다.

헤밍웨이가 사랑했다던 팜플로나를 걷고, 빛을 잃어가던 '빌바오'를 다시 살려낸 '구겐하임 미술관' 관람도, 대서양의 수평선이 내려다보이는 땅끝마을 '피스테라'의 문화와 예술을 만나는 상상을 하며 불길은 구체적인 생각으로 진입했다.

우선 시간이었다. 오지랖 넓은 사람이라 스무날이라는 기간을 비울 수 있을까였다. 그래 내가 없어도 세상은 돌아간다. 무조건이란 단어를 쐐기처럼 박아 불도저처럼 밀어붙이기로 한다.

그다음 체력이다. 나이가 주렁주렁 달려 몸이 휘청거린다. 이 나이에 산티아고라니, 작년 다르고 올 다르다. 내년은 더 어려워져 이번이 아니면 버킷리스트로 간직했던 것이 삭제되어 아쉬움으로 생을 마칠 수도 있다.

앞으로 두어 달 남은 기간에 몸을 단련시켜 근력과 지구력을 키우면 가능하지 않을까 하는 생각에 이르렀다. 그다음은 여행 경비다. 천만 원이 넘는 거금을 지출하는 것은 큰 부담이다. 어떻게 하지? 허리띠 졸라매 보자. 내게 주어진 시간이 그리 많지 않을 터인데 부자의 내면으로 가난한 외면쯤은 덮을 수 있지 않을까? 까짓 마음 먹기 달렸다. 옷 사 입고 꾸미고 하는 겉치레와 자질구레한 지출을 줄이면 큰 공백은 없을 듯 싶다.

그러면 이젠 클릭이다.

삶이 싱거워질 때 오체투지 고행의 길을 걸어본다든가, 수학 문제를 머리 싸매고 풀어 본다든가, 괭이로 땅을 팡팡 파면서 비지땀을 흘리며 닦달하고 싶을 때가 있다. 밑으로 내려가고, 안으로 들어가 어느 시점에 이르러 삶의 환희를 맛보는 성취다.

떠나지 않으면 점점 떠날 수 없는 습관의 지독함을 깨고 추상의 언어인 '가보자'에서 구체적 언어 '가자'로 생생하게 맞이한다. 그동안 다녔던 자잘한 여행지를 마음속에 불씨처럼 놓아 내면을 밝힌다. 아 드디어 왔구나.

'세상에서 가장 아름다운 길'이라는 산티아고 800km의 순례

길, 변화무쌍한 다양한 길을 걸으며 현재 시점의 한계를 알아보고 살아온 삶을 되새김질 하여 앞으로의 인생 여정을 그려보자. 깊게 만나 수정할 건 수정하고 정립하여 새로 쓰기를 해보자. 체험한 이야기를 글로 조곤조곤 설명도 하면서.

무모한 데가 있어 생각했으면 저질러버려야 직성이 풀린다. 버킷리스트 중 하나가 물 건너 저편에 있다. 상상이 현실인 양 환영에 사로잡혀 한동안 들떠 살았다. 한바탕 꿈으로 돌려놓았지만, 미련의 씨앗 하나를 간직한다.
언젠가는 그 씨앗이 햇살과 바람과 비를 맞아 싹을 틔울 수 있기를……

다시 페달을 밟는다

인간도 자연의 한 구성원이지 지배적 존재가 아니다.
물질세계에서 표류하는 한낱 작은 거룻배다.
자본시장이라는 핏빛 바다에서 의식은 잠에 빠져
현실 바깥에 자연을 두고 동경하면서 산다.
이제, 숙면에 든 의식을 깨워 자연계와 친해져야 한다.

4

자연과 숨을 나눌 때 영혼은 가볍다

페달 밟기

    9층에서 내려와 출입문을 벗어난다. 자전거 집에서 시선을 잡아당긴다. 집이라고 해야 천장 까대기가 전부인 한데다. 그곳에서 분홍색 자전거가 비바람을 맞아가며 몇 년째 살고 있다. 살고 있다는 표현은 양심에 가책을 받기 때문이다.
    저것도 한때는 내 몸이었지 않았던가. 아니, 자전거에 몸을 싣고 달리면서 마음도, 생활도 그리되었으면 하고 바라던 적도 많았다. 그런데도 자전거는 삶의 영토에서 추방당해 흉물이 되어가고 있다. 사람은 참 좀스러울 수밖에 없는 존재라는 생각이 든다. 필요하면 악착같이 거머쥐고, 그렇지 않으면 해진 양말 버리듯이 그러니 말이다.
    자전거를 초등학교 5학년 때쯤 탔다. 비산비야의 외딴집에 살았던 나는 이웃 마을 양조장에서 막걸리를 받아오는 심부름을 하곤 했다. 왕복 10리가 넘는 길을 술주전자를 들고 오는 일은 쉽지 않았다. 아무리 조심해도 집에 당도했을 때는 주전자에 반절 남짓밖에 남지 않았다. 이건 절대 솔래솔래 마신 게 아니다. 술 심부름이 싫어 일부러 주전자를 흔들어댔을 뿐이다. 당연히 된통 야단을 맞았다. 자전거가 먹었는가요. 입안엣말을 뱉었다. 뭐가 어째? 자전거가 먹어야? 두 번째 꿀밤이 들어왔다. 아니면 길바닥이 먹었을까? 중얼거림에 날라오던 꿀밤은 허공으로 사라졌다.

술 심부름을 하기 위해 자전거를 배웠다. 뒤에서 밀어주거나 옆에서 잡아주지 않아도 용감했다. 논고랑에 빠져가며 마구잡이로 배웠지만, 곧잘 술 심부름을 하게 되었다. 페달을 밟지 않은 채 손을 놓고도 굴러갈 정도가 되었다. 그때마다 손아귀에 바람이 뭉텅 잡히곤 했다.

덕분에 결혼해서는 아이 셋을 자전거 앞·뒤에 태워 키웠다. 시내든 어디든 자신 있게 밟았다. 아이들이 크고 자동차가 생기면서 시나브로 눈 밖에 나앉았다. 편리함은 불편의 얼굴로 역습하기 마련이다. 페달을 밟아가며 씽씽 달리면 건강도 좋고, 환경도 보호하니, 이야말로 누이 좋고 매부 좋은 일 아닌가? 해서, 자전거를 장만해야겠다는 생각이 일어날 즈음, 마음을 들켰는지 새것이 생겼다.

어언 등단 20여 년이 지났다. 당구 집 개 삼 년이면 스리쿠션을 친다는데 몇 곱절의 세월을 보내고서도 허우적거리며 쩔쩔맨다. 어쩌자고 글을 쓰려 했을까? 생이 힘들어 끄적거리던 낙서가

한 채 집이 되었다. 그래, 해 보자. 발심한 게 글쓰기의 시작이었다. 그리고 하느님의 보우로 문단에 입성했다. 봐라! 나는 글쟁이다. 어깻죽지에 황금 날개가 돋친 듯했다. 그러나 그뿐이다.

  황금 날개로 허공화를 붙잡으려 바둥거렸다. 있지도 않은 도구를 가지고 있지도 않은 대상을 욕망했다. 이름값을 하려고 몸이 달았다. 어찌하리. 저 높은 곳은 정말이지 높아도 너무 높았다. 봉황이나 앉을 자리에 참새가 시늉한다고나 할까. 가뜩이나 문재文才가 없다고 자탄했던 터라 더럭 겁이 났다.

  한데서 추레하게 누워있는 자전거가 떠올랐다. 저것이, 흉물이 되어버린 저것이 가슴을 쳤다. 그는 무죄다. 다만 페달을 밟지 않아 죽은 척할 뿐이다. 그렇구나! 계속 페달을 밟지 않으면 자전거는 만사휴의萬事休矣, 글쓰기를 실행하지 않아 동동거리는 나의 욕망도 만사휴의, 하등 다를 바가 없었다. 밟아야 한다. 그래야 그도 살고, 나도 산다는 절박함으로 쓰러진 자전거를 일으켜 세웠다. 내 마음도 함께 기립시켰다.

  동산을 덮을 만한 오지랖은 문단 활동에 몸을 던지게 했다. 그림자가 본체에 우기면서 제가 먼저라고 주장하는 꼴이다. 글과 문학 활동이 앞뒤 바퀴처럼 달리면 좋으련만 헛헛한 구름일 뿐, 글은 온데간데없다. 오롯한 마음이 찰나의 연기 기둥으로 부서지니 마음만 동동거렸다. 글쓰기는 자기 외에는 좋아하지 않는 철저한 이기주의자임이 틀림이 없다.

열정은 정오의 태양을 무색게 했다. 하지만 저 높은 곳에 오르기엔 요원하기만 하다. 주눅 든 마음은 자꾸만 난쟁이가 되었다. 아니, 강박으로 내리눌렀다. 단 한 줄의 글도 일어나지 않아 무시로 찾아오는 가위눌림. 빽빽한 시간에 구멍이라도 내야 숨을 쉴 수가 있을 것 같은 답답함. 내장된 생각들이 솟구쳐 폭발할 것 같은데 출구는 어디 있지? 거대한 절벽 앞에서 점점 작아져만 갔다.

이제 더는 작아질 수 없다. 만약 그렇다면 아예 존재 자체가 무화無化되기 때문이다. 그런데도 외면하고 살기엔 내 영혼을 이미 문학이 장악했다. 나는 문학의 식민지다. 식민지인의 숙명처럼 순종했다. 그 덕에 그나마 몇 권의 책을 낼 수 있었다.

책을 펼칠 때마다 피에로가 된다. 웃음과 눈물이 입에서 출입하기 때문이다. 글이 형편없어 울고, 한편으로는 좋거나 나쁘거나 간에 이런 수많은 언어를 쏟아내다니, 은밀한 속내를 타인들과 소통할 수 있다니, 단답형인 내가 서술형 인간이 되어가다니. 참으로 기적 같은 일이라 웃는다.

냉소도 웃음일까? 그렇다면 글에 대한 나의 차갑고 헐거운 웃음도 포함하자. 여전히 글쓰기는 초승달이다. 많은 부분이 어둠에 숨어있지만 분명 언젠가는 환한 얼굴로 지상을 밝히리라. 페달 밟기가 심장의 고동처럼 지속된다면 필시 그러하리라.

자전거와 글쓰기, 바퀴를 돌리지 않으면 자생할 수 없다. 페달을 밟고 달릴 때만이 생명이 푸드덕 살아난다. 건너다보니 절간이라는 말은 틀렸다. 저절로 되는 것은 하나도 없다. 팽이는 돌아야 하고, 자전거는 굴려야 살아난다. 하물며 지상의 가장 지적인 작업인 글은 말할 나위가 없다. 팽이, 자전거가 그럴진대, 항차 스스로 되먹임하면서 가동하지 않으면 존재 상실이다. 겉보기는 황금 날개 같아 보이지만 고통을 잡아먹어야 비로소 성숙해지지 않는가.

어떤 소설 문장이다. '작가의 길은 가시밭길이다. 그런 길을 작가는 맨발로 걸어야 하는 비극적 인물이다. 상처가 생기고 피가 나지만 그 길은 축복의 길이다.' 동의한다. 두렵지 않다. 내가 사랑하는 너, 너도 나를 사랑하라!

목울대를 세워 보지만 여전히 붓은 누운 채 곤한 잠에 빠져 있다. 그래도 붓을 든다. 쉽사리 실행되지 않은 글일지라도 보기 좋은 한 채의 글집을 장만해야만 한다는 조급한 생각이 비수처럼 심장에 꽂힌다. 어쩔 수 없이 글 감옥에 갇힌 수인이 되어버렸다. 무엇을 해도 즐겁지를 않다. 마음이 없으면 지천도 천 리라 한다지. 즐긴다? 이건 차라리 사치다. 옴짝달싹하지 못해 영어圄圉의 신세다.

한데서 죽음과도 같은 잠에 빠져버린 자전거를 다시 봤다. 아무리 흔들고 두드려도 미동도 하지 않는다. 이젠 종말인가 싶다.

Y자 갈랫길 앞에서 궁싯거린다. 포기할 것인가. 밟을 것인가. 우두망찰 서 있는데 따르릉 소리가 났다. 반사적으로 시선이 소리를 더듬거렸다. 어디지? 또다시 따르릉 소리가 났다. 내 안에 들어있는 자전거 소리였다. 그래! 다시 닦고 조이고 기름칠을 하는 거야!

사용하지 않는 자전거는 처리해주시기 바랍니다. 관리실 안내 방송. 나는 부리나케 뛰었다. 녹슬고 힘아리 없는 자전거를 부여잡았다. 내 발은 재바르게 페달 위에 놓여 있었다. 관성의 법칙인지, 돌아가는 게 바퀴의 운명이라서 그런지 바퀴는 생각보다 잘 굴렀다.

좋아, 이제 지상을 날아보는 거야!

페달 밟기

사진, 외출하다

　서랍을 열었다. 앨범이 보인다. 몇 장 들추자마자 수많은 얼굴이 한꺼번에 달려든다. 가족, 동창, 성당 교우, 문단의 도반들, 함께했던 얼굴들이 다가와 저마다의 말로 속닥거린다.

　세상에! 무심하기도 했다! 우리들의 시간을 멈추어놓고, 까마득히 잊어버리다니. 몇십 년 만에 문을 열어보다니. 해도 해도 너무한 것 아닌가.

　인화된 사진들은 귀양살이하듯 하 많은 세월 서랍장에 갇혀 지내다가 이제야 풀려났다. 핸드폰이라는 애첩이 등장하여 자식을 쑥쑥 낳으니 본처 자식이 존재감 없이 밀려난 꼴이었다.

　새로 거처할 집은 가로 60㎝, 세로 180㎝의 액자란다. 마음껏 숨을 쉴 수 있는 공간이다. 세상의 빛을 보지 못하고 주인의 죽음과 함께 불 속에 던져지거나 종량제봉투에 사라졌을 운명이 바뀌었다. 말년 운이 확 펴졌다.

　그렇다고 앨범 사진 모두를 붙일 수는 없는 일, 운명이 갈린다. 어쩔 수 없이 잘 나온 사진을 선택하고, 특별히 기억될 추억거리 위주로 가위질했다. 안타깝게도 일부는 쓰레기통에 들어가 생을 마쳤다. 그들에게는 서랍장이 되레 좋았을 걸 그랬다.

한 무더기의 사진을 퍼줄 맞추듯 접착제로 꾹꾹 눌러 붙였다. 집에 온 손님들이 눈여겨본다. 생을 들킨 듯 쑥스러워하면서도 설명하기 바쁘다. 세월이 고스란히 담긴 궤적들, 걸어온 흔적들을 눈 맞춤한다. 자서전에 가까운 작은 사진전이라고 해도 괜찮겠다.

지나간 시간이 어제인 듯 선명하다. 유명을 달리한 사람도 몇이나 된다. 마음이 헛헛할 때, 삶이 덧없어질 때, 사람이 그리울 때 우두커니 서서 세월을 더듬는다. 회한이 지나간다. 사진 속 사람들과 더불어 열심히도 살았었지.

사람은 영원성을 갈망하는 존재, 마음 가는 순간을 포착하고 저장하여 잊히는 두려움을 해소한다. 기억에서 도망치는 추억을

사진, 외출하다

붙들어 사진으로 기립시킨다. 사라지는 것을 붙잡아 두고 싶은 심사다. 기억이 없어지는 것은 내가 지워지는 것이다. 글도 좋지만 어떤 사람들과 어떻게 살았는가를 한눈에 알 수 있는 것으로 사진만 한 게 없다.

시간을 품는다. 시간은 사진 안에 있고, 사진은 세월을 담고 있다. 무명이 될 순간들을 멈추어놓은 존재들 속에 일기장처럼 사연이 알알이 박혀있다. 실물을 볼 수 있으니 어쩌면 그림이나 글보다 사실화된 기록일 수도 있겠다.

역사와 인맥에 의미를 부여하며 사진을 본다. 기억의 마중물로 추억할 수 있는 객관적 상관물이지만 한계가 있어 다각도의 유추가 필요하다. 실시간으로 사진을 조합한 동영상도 아니고 단면의 사진으로 배경이나 심리상태를 읽어내기란 어려운 일이다. 더군다나 사진을 찍을 때만큼은 행복한 척 웃기 때문에 속내는 더욱이 알 수가 없다. 그런 아쉬움이 있지만, 시간이 흘러도 추억을 소환해 되새김할 수 있는 짭조름한 매개체임에는 틀림이 없다.

오늘도 우리는 꽃잎 같은 순간들을 놓치지 않기 위해 사진을 찍는다. 사람은 본능적으로 실제보다 돋보이기를 원한다. 사진을 단순한 이미지 저장이나 기록의 수단으로 여기는 것이 아니라 어떻게 나왔느냐를 따진다. 생김새대로 찍혔을 텐데 맘에 안 들어 하면서 편집의 기술을 가미해서라도 예쁜 사진을 바란다.

나이 들면 늙는 것은 당연지사다. 속이지 않는 것이 사진의 사명인데 본연을 저버리라 한다.

사진이 거짓말을 좀 해주었으면 좋을 텐데, 그래, 웃고는 있지만 싱싱한 맛이라고는 하나도 없다. 주름이며 나이들은 태가 물씬 난다고 억지를 부린다. 내 참, 사진도 적당한 가면이 필요하다는 것인지.

얼굴을 얼이라고 하지 않던가. 하등 그럴 필요도 없는데 나이가 의식이 된다. 갖은 이쁜 표정을 지으며 행복한 척 담아보지만 역시 어설프다. 그렇다고 풍경만 찍을 수는 없지 않은가. 단박에 없애버리고 싶지만, 발자취인데 그럴 수도 없다. 이 순간은 영영 오지 않을 것이니까. 잠깐이나마 사진이라도 좀 젊었으면 하는 욕심을 부린다. 그런데 사진도 아가씨에서 아줌마로, 아줌마에서 할머니로 늙어가고 있다.

나도 사진처럼 순리대로 늙고 있다. 아름다워지고 싶다는 것은 활기를 잃고 싶지 않다는 속내다. 얼굴을 보면 누구나 미소를 짓는 이쁜 꽃, 비시시 웃음이 나오는 꽃 낯이 되고 싶은 것이다.

얼굴 좀 펴자. 밖에 꽃이 피어있지 않은가! 꽃이 좀 초라해도 꽃이니까 예쁘듯이, 나도 모양새가 좀 아니더라도 나이니까 예쁘지 않은가.

사진, 외출하다

무슨 일이 있었던가

코로나가 살짝 졸고 있는 사이 틈새여행을 했다. 산과 바다를 놓고 가늠하다가 바다를 선택했다. 고체화된 것은 액체화하려는 본능적 성향이 있는 듯하다. 코로나는 시간과 공간에 경직을 가져왔고, 그 상황을 감내하던 몸과 마음에도 경직이 왔다. 누적된 피로도와 움츠렸던 팔다리를 펴고 싶었다. 메말라가는 영육에 물이 필요했다. 물, 물, 물, 물을 흠뻑 적시고 싶었다.

비행기가 아닌 배로 제주에 도착했다. 날씨가 온전히 여행하도록 내버려 두지 않았다. 끄물끄물하더니 비가 바람으로 갈기를 세웠다. 바다는 거친 숨을 내쉬며 연신 바위를 다듬었다. 곳곳이 날이었을 상처를 지우고 또 지우고 흉터까지도 쓰다듬어 결 고운 무늬를 만들어냈다. 징검다리를 건너듯 섬 하나하나에 눈길을 놓아 마음을 간종그렸다. 망망대해에 쉼표를 찍을 수 있는 섬이 없었더라면 그 적막함을 어디서부터 어디까지 눈에 담아야 하는지 몰랐을 것이다.

여우가 시집을 가는지 날씨가 변덕이었다. 바다가 온통 하늘을 끌어와 돗바늘로 꿰맨 듯 파랬다. 윤슬 위에서 뛰어놀아도 괜찮을 것 같은 팽팽함, 바위에 손베개를 하고 누웠다. 파도가 바위들을 정갈하게 목욕시켜 주춤하지 않고 마음껏 껴안아도 괜찮았다. 바다는 이런저런 몸짓과 소리로 끊임없이 말을 걸어오는데 아무리 귀를 쫑긋 세워도 해독할 수 없었다. 진종일이라도 지루하지 않을 물멍이었다.

생명의 따개비들이 바위틈에서 내다보았다. 어떤 거대한 물체가 자기 집을 점령하려는 것은 아닌지 두려웠을 것이다. 군데군데 볼우물에 생명이 꿈틀거렸다. 굴 같은 것을 하나 따서 깨 보았다. 아주 작은 짭짜름한 생명이 들어있었다.

언덕바지 호텔에서 커피 향이 내려왔다. 몸은 변덕스럽게 오래 참은 듯 금방 커피가 들어오라고 고무래질을 했다. 커피를 마시고 백사장 쪽으로 가봐야겠다는 생각이 고무래질을 받았다.

뭍으로 나와 한참을 걷다 보니 백사장. 백사장에 오목새김으로 새겨진 다양한 무늬들은 가오리연 같기도 하고, 방패연 같기도 한 발자국들을 파도가 지우고 있었다. 나도 수많은 발자국을 만들고 지우고 다시 새기는 순환으로 지금의 내가 되었겠지. 연륜이 깊어지면서 지나간 시간을 사랑하게 되고, 그 사랑은 활력으로 미력하게나마 젊음을 복기하여 오늘을 또 살아가게 한다.

그런데, 마냥 행복할 줄 알았던 여행이 여상치 못한 사태로 날카로워졌다. 우중인데 제주 올레시장에 주차한 차를 찾지 못하면서 뒤틀리기 시작했다. 걸어온 길을 다시 온전히 되돌리면 되는 일인데 길이 낯설고, 길가의 여러 지점이 낯설다. 이 골목을 살펴보고 저 골목을 살펴봤지만, 뭐에 홀린 듯 차는 나타나지 않았다. 장바구니는 무겁고 차는 꼭꼭 숨었다. 급기야는 제주도청을 거쳐 경찰서의 도움을 받아 차를 찾아냈다. 알고 보니 근처에 비슷한 주차장이 세 개나 있었다.

난항일 땐 하나 되기가 쉽지 않고, 순했던 사람도 보통내기가 아니게 된다. 타감물질 진서리에 뒷걸음질 치게 한다. 좋을 때는 서로 닮지만, 불협화음이 일어나면 자기주장이 하늘을 치솟는다.

그 사람을 알려면 나쁜 환경에 처해봐야 한다는 말이 맞았다. 혼자가 아닌 여행은 공용작업이다. 이타심은 사리사욕이 올라오면 불가능하다. 불만이 이기심을 낳고, 상대에 대한 원망이나 짜증으로 변모한다. 계산이 들어가면 그것은 음 이탈과 마찬가지로 헛친다. 억압된 것은 어떤 방식으로든지 표출되고, 해당하지 않은 것도 부상하여 거론된다. 은혜는 지워지고 상처라고 생각되는 것이 기억을 사로잡는다.

서로가 부정은 축소하고, 긍정을 부풀린다. 큰 사람으로 살았노라고 나름 자만하며 둥글어졌다고 생각했는데 착각이었다. 아직도 모서리를 많이 갈아내야 한다는 자각이 왔다. 생각 없이 던진 말이 허공을 떠돌다가 상대방에게 비수로 꽂힌다. 멀리 떨어쳐 놓고 생각하는 필터링이 필요하다.

　간사한 게 사람 마음이라고 했던가. 타인의 사소한 언행이 달 뜨게도 하고, 아무런 행위를 하고 싶지 않은 나락에 빠지게도 한다. 타인이 아는 나와 내가 아는 나를 견주어 생각한다. 일치하면 좋으련만 그렇지 않을 때가 있다. 사람과의 갈등에서 속내가 여러 형태로 변질하여 있음이 보인다. 어떨 때는 코로나로 지겹게 써야만 했던 마스크를 일상에서도 싫지만 쓰기를 요구한다.

　화나고 슬픈 얼굴로 최대한 등을 돌렸다. 질주하는 감정을 잠깐 고정해 놓고 보니 그다지 큰일도 아니었다. 사안을 확대하여 각자의 입장만 고집했다. 오랜 친분으로 맺어진 관계들이 아니던가. 돈독한 우정으로 행복하여지고자 마련한 여행을 망치는 어리석은 행위는 안 될 일이다. 이런 과정이 조금씩 성숙한 사람으로 이동하는 여행이 주는 소득이 아닐까.

　힘겹게 찾은 주차장 안쪽에 고개가 돌아갔고, 그곳에 차가 있었다. 빼곡하게 서 있는 차들 가운데서 유독 환한 모습이었다. 우리는 화들짝 같은 표정으로 '차가 저기 있어.' 하고 소리를 질렀다.

　각자의 감정을 자판기에 넣어 다시 가동한다. 심드렁해진 마음에 빛이 든다. 언제 그랬느냐는 듯 툴툴 털어내고 오달지게 다시 모여 앉았다. 와인을 따른 술잔의 건배 소리가 파도 소리와 섞인다.

무슨 일이 있었던가

본능의 저편

신은 인간에게 자유의지를 주었다. 자유의지로 그때그때 선택하며 우리는 매일을 살아간다. 선택에 따라 생과 사의 갈림길에 설 수도, 행과 불행이 나뉘기도 한다. 아들은 결혼과 비혼 사이의 거리재기를 하여 결혼을 통과시키는 선택을 하였다. 단순히 개인적 삶의 한 방식이라고 치부하기에는 인간 존재의 의미와 가정과 사회적 관계가 얽힌다. 삼십 대 중반까지는 몇 번 맞선도 보았는데, 후반 들어 비혼을 선언하며 분가했다.

성인이 되면 결혼하여 자식 낳고 사는 것은 당연했다. 그것이 삶의 최종화된 완결이라 여겼다. 순리였던 결혼이 선택이라니 세상이 많이도 바뀌었다. 막무가내로 강요할 일은 아니지만 무모한 현실이다. 싫다는데 별 뾰족한 도리가 없다.

물질이 생을 지배한다 생각하면 결혼과 출산은 부담일 수밖에 없다. 아이를 기르는 것이 어디 잣대로 재듯 계산으로 맞춰지는 일인가. 불투명한 미래지만 태어나서 일하고 결혼하고 아이 낳고 죽음을 맞이하는 평범한 순리, 단순한 무늬가 완전한 무늬가 아닐는지?

여성도 일을 해야 하는 현실에서 아이 키우는 일은 만만치 않다. 미래의 세상이 밝지도 않다. 환경으로 인한 재앙, 여러 나라의 전쟁, 경제적 문제 등 이유를 대자면 한도 끝도 없다. 그러나 아이를 얻는다는 것은 어디에 비교할 대상이 아니다. 지상 최대의 기쁨, 생각만 해도 입이 배시시 벙글어지는 떨림이다. 피상적인 생각을 천양지차로 뛰어넘는, 아이는 그냥 그 무엇으로 귀한 보배다.

공무원이었던 남편은 2명까지만 학자금이 나왔다. 3명부터는 자력으로 교육해야 하는 산아제한 운동이 벌어지면서 가난한 우리는 상당한 고민을 했다. 전세집에서 결혼생활을 시작해 애면글면 살았어도 세 번째 아이를 낳았다. 아이 키우는 재미에 행복했고, 지금 여기에 와있다.

가난과 추위가 살던 시절은 지났다. 풍요를 누리고 있는데 결혼하여 아이 낳고 사는 게 무에 문제인가. 행복의 척도가 달라진 것일까. 아님, 우선 편하면 된다는 의식이 자리를 잡은 것인가. 내 자식들부터 절벽이니 할 말을 잃는다.

한 개인의 문제일 수도 있지만, 덩어리가 되면 결코 단순한 문제가 아니다. 기성세대는 꼬리만 남았지만, 앞으로 세상이 어떻게 될지? 국가 존립이 위태로울 수도 있겠다 생각하면 아찔하다. 이러다간 해체에서 몰락으로 그리고 어느 날 나라가 사라질지도 모른다. 산업화와 인구가 세계를 지배하는 것을 보면 괜한 걱정만은 아니다. 미래가 없다면? 상상만으로도 무섭다.

우리 부모님은 여덟 형제를 낳았다. 나는 삼 남매를, 손자는 둘이다. 겨우 한 세대 걸러 다음 세대일 뿐인데 급하강했다. 인구 절벽은 자연재해와 전쟁과 더불어 앞 세대의 불안 요소다. 그렇지만 쳐놓은 울타리가 강철같이 영역 밖의 사항처럼 아무리 부모라 해도 힘을 발휘하지 못한다. 확고한 신념을 못 박은 자식에게 결혼해라. 더 낳아라. 하는 말을 붙였다가 관계만 불편해지고 만다.

한 생을 살아가는 정답은 뭘까. 엄마의 눈에는 한쪽이 비어있는 듯한 아들이 측은지심이다. 봄날을 지나 아재가 되어가는 아들, 앞으로 저걸 어쩐담? 형제들도 햇수를 더하면서 멀어질 테고 노후가 심란하다. 사념 없이 지내다가도 뭔가 응어리가 있어 살펴보면 내 나이 들어가는 것이 아니라 혼자 사는 아들이다. 지금은 젊으니 하고 싶은 대로 여유롭게 잘살지만 어디 생이 그대로 멈추어준단 말인가?

출산은 차후 문제고 결혼이라도 하여 서로 기대고 살았으면 하는 바람이다. 그러나, 결혼 이야기만 나오면 민감한 반응을 보이니 입밖에 내밀지도 못한다. 거대 담론을 제시하지 않아도 비혼으로 행복의 무늬가 제대로 그려질까? 이래도, 저래도 한 생인데 순리에 촘촘히 발자국을 찍으면 좋으련만.

　본능까지도 저편으로 보내버린다. 직장 있고, 살 집을 가졌는데 무엇이 문제일까. 아직 젊으니까 노년에 변이되는 고독과 불안을 간과하는 것이 안타깝다.

　어느 주말 대전의 한 백화점 커피집에 들었다. 울타리가 없는 곳이라 자연스레 오가는 사람들이 눈에 들어왔다. 심심찮게 반려견이 밟혔다. 경쟁이라도 하는 듯 온갖 치장을 하였다. 애지중지 자식처럼 품에 안고, 어떤 부부는 세 마리나 유모차에 싣고 동행한다.

　반려견도 백화점 나들이가 필요했을까? 아이들 숫자보다 많아 보였다. 눈엣가시처럼 눈을 찔렀다. 세상이 이렇게 달라지다니. 물론 애견을 허용한 백화점이라서 몰렸는지는 모른다. 그렇다고 이런 일이? 쓸쓸함이 짓눌렀다. 내가 문제인지 세상이 문제인지 웃고 넘어갈 일만은 아닌 듯싶었다. 사료 매출이 분유 매출을 추월했다는 것을 증명이라도 하는 진풍경이었다.

　아들은 일주일이 멀다 하고 들락거린다. 늙어가는 엄마의 손이 짧아져 가려운 데를 긁지 못함을 일찍 알아버린 까닭일까? 밥은 잘 챙겨 먹느냐, 아픈 데는 없느냐, 잠은 잘 자느냐 조선 시대도 아닌데 삼종지도의 길을 가라는 듯 지 품 안에 넣으려 한다. 아들의 뒤꽁무니에 대고 중얼거린다. 아들아, 효자손은 필요 없고 어서 장가나 가려무나.

본능의 저편

헬로, 춤

　몇십 명이 음악에 맞춰 춤을 춘다. 선뜻 나서지 못하는 나는 좀팽이. 마음으로 엉거주춤 흔들어대더니 별안간 용수철처럼 튕겨 나간다. 여태껏 없었던 용기가 낯설다. 원초적 본능이었을까? 아니야. 갑자기 불어오는 태풍에 깊숙이 가라앉아있던 앙금이 요동을 친 것이야. 몸 안에서만 허우적거리지 말고 지금부터라도 마음이 시키는 대로 맘껏 날아보라고 도플갱어가 떠밀었다.

　나방이 불빛을 보고 돌진하듯, 가두리 양식장에서 물짐승이 뛰쳐나가듯 무대를 향한 반사적 달음박질이 놀랍다. 물짐승은 넓은 바다를 누빈다. 기왕 물 만난 김에 눈 딱 감고 마구 흔들어보자는 것이겠지. 어디에서 학습한 적 없어도 물살을 가르며 파도를 잘도 탄다.

　한편 생각하면 체통 없는 몸짓으로 보일 수도 있겠지만 입방아를 찧거나 말거나, 온몸에 쏟아지는 비틀어진 시선은 무시해

버린다. 대중 앞에서 그것도 무대에서 흔들어대다니! 제법 넓혀 온 상상의 울타리마저 뛰어넘는다. 쭈뼛쭈뼛한 것에 최면을 걸어 놓았는지 참 용감도 하다. 바닷속에서의 물짐승은 굴절되지 않았다. 고소공포증이 있는 자가 롤러코스터를 탄 것만큼이나 격렬했다.

그간 솔직하지 못했다. 아닌 척하고 삭였다. 불쑥불쑥 자아가 올라오면 두더지 게임처럼 방망이로 내리쳤다. 심장이 불꽃으로 타오르는데도 그래서는 안 된다고 무지막지하게 잡도리해댔다. 맘에서 시키는 모든 것 발산하며 살아보겠노라고 이따금 새겼지만, 이 여자 위험하네! 할까 봐 욕구를 굴레에 가두었다.

총량의 법칙이 적용된 듯 사장된 것까지 음악을 타며 춤을 춘다. 몇십 년간 봉인되었던 욕망이 분출했다. 라우드(loud)! 마음껏 소리 질러봐! 어이, 인생! 웅지를 펴. 사는 게 별거야? 한판 굿이잖아. 당당해져! 뾰족한 생각 없이 신들린 무당처럼 흔들어댔다.

춤이라면 신을 즐겁게 하기 위한 제례와도 같은 춤이 있을 것이고, 수컷의 새가 암컷에게 구애하기 위한 춤, 먹고살기 위해 목숨을 다하여야 하는 춤 등 목적과 이유가 다양할 것이다. 그렇다면 나는 왜 춤을 추었을까. 구애도, 금전을 구하는 것도 아니다. 감정적으로 자유로워지고 싶고 변화를 맞이하고 싶은 하나의 탈출구로 무의식의 작용이었다.

춤은 의도적인 움직임으로 구성된 비언어적 소통행위다. 상상하지 못했던 몸짓은 내가 아닌 딴 사람이 시킨 것처럼 보이겠지만, 그건 엄연히 숨어있었던 내가 한 일. 자리로 왔을 때 밀려오는 부끄러움에 궁색한 변명을 하기에 바빴다. 이 쾌감이라니! 큰 일을 해낸 듯 속으로는 뿌듯함을 감출 수가 없었다.

밑에서 숨죽이고 있던 용기가 답답했던 거다. 목에까지 차올라 견딜 수 없는 무엇이 풀무질했다. 무모하지 않았나 하는 창피함도 동행했지만 생각하면 생각할수록 슬그머니 입꼬리가 올라간다.

멈춤은 죽음과 같은 뻣뻣함이다. 움직여야 부드럽다. 누가 우울하라 했던가? 우울은 원하는 삶을 살지 못할 때 온다. 타인의 구미에 맞춰 감정을 묵살하고 광대 짓을 한 뒤의 허탈감은 음울이었다. 고깝지 않은 시선이 저어되어도 방종이 아니면 본능을 좇아 사는 거다. 감정에 솔직하지 못했을 때 본연은 슬펐지. 가식과 허식을 벗어던지고 본성대로 울고 웃어보는 거야.

호두까기 요법으로 부족한 면을 가리기보다 단점일지언정 있는 그대로 내보이자. 탈을 왜 쓰는가! 숨기고, 억압하고 자신을 옥죄이는 조건을 넘어서는 것이야말로 자기 해방이다. 강박으로 긴장하고 감정을 삼키면 답답하여 충만하고는 거리가 멀어진다.

기껏 대중 앞에서 춤 한번 춘 것을 두고 뭐 그리 호들갑이냐고 말할 수도 있다. 그러나 옥죄었던 큰 틀을 깬 일이기에 삶의 변주를 기대할만한 획기적인 사건이다. 내 안의 타자와 화해한 그 몸짓은 아름다운 날갯짓이었다.

영육이 일체가 된 시간. 마음에 몸이 따라와 함께했다. 엑스터시가 카타르시스가 되었다. 응어리를 풀어낸 몸짓은 존재감을 드러내기 위함이었을까, 빈 존재를 채우려는 발버둥이었을까. 그간 마음은 간절했으나 용기가 없어 작동하지 못했다. 나에게 없는 것은 의욕이 아니라 용기였다.

내장된 끼를 위해 종종 춤을 출 것이다. 우아하고 기품있고 정교한 형이상학이 아니라도 명랑함과 슬픔이 범벅된 형이하학의 막춤이어도 괜찮다. 바람을 생의 무늬로 만들어가리라. 바람 없는 감중련은 숨 나간 生, 물의 뼈가 솟구치듯 흐르고 흘러 나름의 과정을 거친 표출이다.

춤은 영혼의 찬란한 현현이다. 소통의 강렬한 수단이다. 몸과 맘 그리고 뇌가 유기체가 되어 살아가는 우리는 육체가 만족하지 않으면 영혼이 힘들어진다. 결국 육체는 영혼이니까. 생각이 겨우면 말을 하고, 말만으로 성에 차지 않으면 노래를, 노래로도 풀어내지 못하면 이내 춤을 추는 것은 당연지사다. 인간 욕망의 표현방식의 최고조가 춤이 될 테니까.

춤을 추는 순간 상념은 사라지고 행위만 있을 뿐이다. 잠깐의 황홀한 시간으로 용기를 찾았고, 찌꺼기를 털어낼 수 있었다. 가면을 벗어던지고 추는 춤은 물아였다. 가끔은 삶의 소리, 삶의 춤을 신나게 펼치며 生놀이 하자. 본능의 춤을 출 수 있도록 돗자리를 깔아놓자.

춤은 락樂이다. 하여, 그림자도 행복하다. 행복이든 상실감이든 슬픔이든 일상에서 계기를 만난다는 것은 또 다른 출구다. 내적 충동이 근원이 되는 몸의 움직임은 영육의 합일은 물론 심신의 정화요, 치유다. 지극히 건강한 행위임에도 체면치레하느라 터부시, 천대시, 적대시했다. 욕망하는 한 나는 존재할 것이고 그것이 어떤 것이든 전진이다. 어쩌면 불꽃이 사그라들까 봐 저항하고, 타오르지 못해도 씨 불만은 간직하고픈 간절함일 수도 있다.

비단잉어 고이(koi)는 어항에서는 엄지손가락, 연못에서는 20cm, 강에서는 1m가 넘는 대형 어류가 된다고 한다. 춤으로 내장된 것 중 하나를 꺼냈고, 한 부분을 다시 읽게 되었다. 지루한 생을 화려한 파티로 춤 너머의 다양한 가능성을 보았다. 몇 겹으로 입어댄 옷을 훌훌 벗어 던지고 봄을 맞이한 기분이다.

겨울을 뚫고 나온 힘은 푸르다. 아직 푸른 싹이 있었다니, 아주 먼 뒤안길을 돌아온 얼굴에 웃음꽃이 피었다.

헬로, 춤 어서 오시라.

지금의 평화 밑에는 죽음이 누워있다

    생명의 자발적 죽음은 소리가 없다. 탄생과 달리, 죽음은 먹빛 침묵으로 조용히 다가온다. 하지만 인간사에서 전쟁이 야기한 숱한 비자발적 죽음에는 소리가 있다. 대통하고 절통한 비명을 소리라고 칭하는 건 너무 가볍고 경솔한 처사다. 차라리 단말마의 외마디, 생명이 무참히 꺾이는 절망의 검정 늪이다.
    한국전쟁이 부른 수많은 생명의 죽임은 이념의 경계가 만든 절망의 늪, 차이를 용서치 못하는 강파른 욕망, 얼토당토않은 죽음의 나열이다. 이 허깨비놀음 속으로 빠져든 어둠의 구멍이었다. 헤어나지 못하고 이념의 깃발로 갈가리 찢긴 생명의 몰락이다.
    푸른색과 빨간색의 허망한 부딪힘은 이쪽저쪽 할 것 없이 견딜 수 없는 죽임의 소리로 가득했다. 거기에는 피부색을 달리한 참전국의 푸른 의지도 포함되어 있다. 그렇게 경계가 낳은 소리는 허무의 바닥에서 바닥진 사람들의 생을 잡아끌어 당겼다. 물살 소리나 바람 소리는 물이거나 바람이거나 외물과 만나며 존재성을 드러내는데 인간이 만든 허랑한 경계는 구름도 아니면서 상대를 처참하게 허물어버리며 허무의 동굴을 후벼팠다.

한국전쟁이 낳은 비극성은 개별성을 지우고 한국인의 집단무의식에서 빙산처럼 떠 있다. 무망의 소리로 키를 낮춘 채 뼛속으로 스며들어 맷돌처럼 무겁게 마음을 짓누른다. 다행히 우리 부모님은 생고생은 했지만, 그런대로 건너 나오셨다. 그런데 나와 가까이 지냈던 고향 언니는 평생을 상흔으로 살았다. 그녀의 아버지는 연분홍 꽃나이에 이념의 경계인 전장에서 산화하셨다. 낙동강 전선이었다 한다.

그 옛날 융성한 가락국은 일본도 시기할 정도로 강국이었다. 그를 가능케 한 가락국 동녘의 강줄기가 바로 낙동강이다. 이곳에서 흩뿌려진 수많은 젊은 영혼은 낙동강 물소리를 더하며 오늘도 여전히 슬픈 울음소리를 낸다. 아직은 소멸할 수 없는 생, 묻히기에는 너무 뜨거운 피가 떨어져 소리로 환생한 것일까? 죽은 자는 말이 없지만, 산 자들은 죽은 자를 기리며 그의 넋을 뼛속에 모시며 산다.

그녀의 생은 자차분할 수 없었다. 안에서 흐르는 진하고 뜨거운 피처럼 아버지의 죽음을 기억하고 그리워하며 눈물로 생을 기워나갔다. 곁에서 보기에 비가 오면 그대로, 눈이 오면 또 그대로, 작렬하는 여름날은 또 그것처럼 항상 아버지와 동행했다. 그러니 그의 아버지 죽음은 종결되지 않았다. 아버지의 벼락죽음은 살아난 가족에게 또 다른 생으로 이어져 산 자들의 푸른 댓줄기 같은 생을 무겁고 낮게 끌고 갔다.

낙동강 강가에서 그는 우두망찰 침묵으로 강물을 바라보았다. 나도 언니 곁에서 함께 눈길을 모아주었다. 손 뻗어 저기 어디쯤 아버지의 푸른 넋을 만지고 싶은 거지. 언니? "저렇게 흘러가는 걸…. 아버지도, 나도 결국 저 강물처럼 흘러가겠지." 나이에 비해 유난히 주름이 얼굴을 덮은 언니는 오히려 강물보다 더 푸른 생의 서기가 얼비쳤다. 그것은 와락죽음이 하도 애처로워 불러대는 생의 회향 염원이 만든 꽃으로 보였다. 그 꽃은 종심이 넘은 나이에도 그녀의 얼굴에 서기를 내뿜었다. 서기가 오른 얼굴에 비해 목소리는 낮게 가랑가랑하면서 말을 이었다.

"내는, 살 만큼 살았어. 하지만서두 아버지는 밤꽃이 맹글어내는 알밤 하나 먹어보지 못하고 그렇게 갔지. 가실에 나락바람이 몰고 오는 넉넉한 냄새를 맡지도 못하고……. 불쌍헌 양반! 여린 벼포기가 아직은 배동이가 되기도 전에 이 낙동강에서 불뚝심으로 땅을 사수했다고 한디. 냅다 날아든 포탄에 날라가 버린 불쌍헌 사람! 너는 한시도 아버지를 마음에서 버릴 수가 없었어야. 태풍이 와도 쓸어 가지 못했고, 눈이 무릎까지 차올라도 내 마음을 덮지는 못했어."

마음에서 살이 찌는 아버지의 그리움, 그걸 참아내지 못할 때마다 언니는 낙동강을 찾았다고 했다.

나는 손바닥만 문질러댈 뿐, 어떤 말을 할 수가 없었다. 청춘이 죽음으로 꺾여져 버린 육친의 절절한 그리움을 파고들 엄두가 나지 못했기 때문이다. 그저 유유히 흘러가는 낙동강 물살만 무연히 보았을 뿐이다.

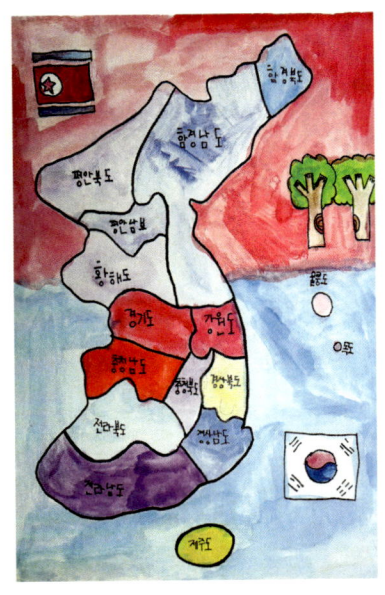

강변에 솟은 바위에서 갈림새를 보이는 강물이 소리를 내질렀다. 저 물살은 갈라져 경계를 이루었어도 색도 단색이고 소리도 한목소리다. 서로가 아니라고 우겨대지도 않고 소리를 내며 흘러 흘러갔다.

"나도 이제 갈 기어. 갈 때가 되앗지. 인자 저 강물이 되고 싶어. 노상 애들한티 말했지만, 나 죽으면 저 강물에 뿌리라고 했지. 죽어서라도 아버지 품에 안기고 싶어서 그리어."

메말라 갈라진 얼굴에 한줄기 눈물이 주르륵 흘러내렸다. 노을자리에서 언니의 소멸이 안타까워 흐르는 눈물이 아니었다. 수십 년 세월을 가슴에 보듬고 산 그녀의 가없는 그리움의 폭발이었다. 아침햇살처럼 싱그러운 나이에 돌아가신 아버지를 딸이 부르는 소리 없는 눈물인 것만 같았다.

말이 씨가 되었는지 아니면 무의식 속에 죽음의 그림자가 오고 있었는지 언니는 얼마지 않아 낙동강이 되었다. 평소의 바람대로 아버지 품으로 돌아간 것이다. 아마도 강심 어디쯤에서 부녀가 몸을 비비며 그리움을 나누겠지. 내 눈이 낙동강 물줄기에 얹혔다. 수천 명의 고통과 피가 응결되어 바위가 없는데도 물살 소리가 쟁쟁하게 가슴을 친다. 기억과 망각이 서로 몸을 뒤집는지. 낙동강은 여전히 녹두빛 설움을 연안 들녘에 풀어놓는다.

돌아오는 자동차 안에서 비발디의 음악이 흘러나온다. '세상에 참 평화 없어라' 평화? 그건 피 흘려 수호해야 있어. 평화는 하늘처럼 언제나 우리 위에 드리운 게 아니지. 경계와 사이가 만들어낸 갈등과 대립에 맞서는 자리에는 애당초 평화는 없는지 모른다.

죽음 없는 평화가 과연 있을까. 그렇다면 평화는 죽음을 먹고 자랄까? 언니의 아버지도, 또 숱한 평화를 위한 전사자들도 지금 여기 평화 밑에 살아있으리라. 다시 돌아가는 길 내내 낙동강 물소리가 쟁쟁하게 귀에 차오른다.

저는 보호자가 필요 없어요

이사를 했다. 와! 이게 무슨 횡재란 말인가? 짐 정리는 뒷전이고 신바람이 났다. 현대문명이 둥지를 튼 아파트에 들판이 넘실거린다. 신사임당의 초충도라도 펼쳐진 듯 잠자리와 나비가 날고 붉은 장미도 헤벌쭉이다. 이게 무릉도원이 아니고 무엇이랴. 방울토마토와 까마중이 눈길을 끈다. 느짓느짓 해찰하며 아파트 한 바퀴를 돈다. 어느새 해가 중천이다. 밥 먹는 시간을 놓친들 무슨 대수랴.

풀밭에 도드라진 들깻잎 몇 장 따서 전을 부친다. 고소한 향이라니, 마트에서 파는 것에서 느낄 수 없는 야생의 맛이다. 까마중이 하얀 꽃을 피우더니 까만 구슬을 주렁주렁 매달았다. 새까맣게 익기가 바쁘게 깊은 산 속 옹달샘에서 은밀히 물 한 사발 떠먹듯 따 먹는다. 어렸을 적 약이 되는 줄도 모르고 먹을 것이 없어서 먹었던 까마중이다.

세상에나, 담벼락 덩굴장미 붉은 꽃 사이로 방울토마토 한 그루 더부살이에 눈치를 보는 듯 키를 키우지 않고 있다. 그러더니 어느 틈엔가 할 일은 한다는 듯 불그레 제 존재를 드러낸다. 자연에 풍덩 빠져 쓰레기를 버리러 나갔다가도 참새가 방앗간 그냥 못 지나가듯이 잽싸게 한 바퀴 돌아 온다.

입주가 거의 이루어질 무렵 추석이 다가왔다. 그런데, 그런데 말이다. 전 직원이 새마을 운동이라도 하는 양 예초기며 낫이며 곡괭이를 들이대어 무참하게 자르고 뽑아낸다. 오, 저 생명, 어찌할거나. 발만 동동 구를 뿐 영역 밖이다.『어린 왕자』의 어른들처럼 우리는 보아뱀 속의 코끼리를 알아보지 못하고 입맛에 맞추며 산다. 묵시적으로 인식해놓았기 때문에 당연지사처럼 반론할 여지가 없다. 인간의 위력 앞에 속수무책으로 널브러진다. 초목과 함께 벌레들도 집을 잃고 떠난다. 그런데도 여름은 땅에 짱짱한 햇살을 촘촘히 심고 있다.

야생초가 잡초로 취급돼 잘리고 뽑혀 나갔다. 더벅머리가 이발을 한 듯 깔끔하기는 하다만 천연은 이제 볼 수가 없다. 도심 속의 자연, 얼마간이라도 야생에 빠져 행복했다. 이 행복이 짧을 것이라 예상했지만, 쪼그려 앉아 이야기를 나누던 까마중도, 그의 친구들도 몽땅 사라져버린 뜰은 겨울로 끌려간 벌판처럼 허망하다.

즐거움이었던 산책길이 심심해졌다. 인위적으로 다듬어진 곳에 마음이 쉽게 머물지 않는다. 정거장처럼 쉬었다 가던 바람도 속이 상하는지 휭 지나가 버린다. 늦게까지 어깨동무하며 피고 지던 철쭉꽃도 동료를 잃은 슬픔에 사뭇 고개를 떨군다. 그들의 부모 같았던 소나무도 홍가시나무도 말을 잃은 굳은 표정이다.

농토도 아닌데 값을 잣대로 재듯 가늠해야 했을까? 손길이 닿지 않으면 심란할 것 같지만 사람과 달리 자연은 오히려 빛난다. 사람도 꾸미지 않을 때 더 호감이 가고 멋져 보일 때가 많다. 잘 다듬어졌다고 꼭 그것이 아름다움의 표상은 아니지 않는가. 자연스럽게 놓아두니 새들이 깃든 에덴동산이었다.

무엇이 가라지이고 무엇이 알곡일까? 실용적인 인간 중심적 편리로 농부의 밭에서는 들깨가 사랑을 받을 것이고, 약초를 재배하는 사람의 농토에는 까마중이 효자가 될 것이다. 사람이 원하는 곳에 뿌리를 내리지 못하면 잡초로 전락한다. 같은 사물도 효용성 온도에 따라 가치 기준이 달라지는 것은 순전히 사람의 잣대이다.

초록이 살던 아파트 마당에 어둠이 내려앉는다. 아무런 몸짓도 못 하고 사람이 던져놓은 그대로 얽히고설킨 풀과 나무가 큰 무덤을 이루었다. 운이 좋게 선택되어 살아남은 자들도 동료를 잃은 아픔인지 맥이 풀렸다. 며칠이 지나자 풀도 숨을 멈추며 거름이 되어갔다. 썩는 악취가 아니라 소여물을 끓이는 구수한 냄새다. 다른 생물체에 에너지를 공급하기 위해 숙성되고 있는 것이겠지.

  8월의 바람이 잠깐 머물다 떠나고, 두툼한 여름 햇살도 얇아졌다. 자람새 좋았던 식물들은 인간들의 횡프를 기억하면서 강인한 힘을 키웠을 것이다.

  어느덧 가을이다. 귀뚜라미가 떼창을 한다. 자연은 절로 자라고 꽃피고 열매 맺으며 내일을 또 맞겠지.

저는 보호자가 필요 없어요

오, 수면

남원으로 향한다. 지리산 푸른 얼굴과 싱싱한 기운을 마실 요량으로 아침 일찍부터 대충 챙겨 집을 나섰다. 운동목적이 아니다. 아침이라고 했지만 사실 나는 밤이 없다. 그러니 남들이 아침이라고 하는 시간은 밤의 끄트머리에 매달린 하나의 조각일 뿐이다.

밤을 밤답게 보내지 못한 세월이 켜켜이 쌓여 주상절리처럼 고체화된 시간, 단순히 시간만은 아니다. 내 머릿속 생각도 각질화되어 딱딱하게 굳어간다. 자연히 일상은 닫히고 정신은 몽롱해져 세상이 출입하는 눈과 귀와 코가 마비된다. 아, 정말 벗어나고 싶다. 아니, 필연적으로 벗어나야 한다.

흔한 말로 나이 들면 잠이 없어진다더니 이처럼 까칠하게 굴지는 몰랐다. 정말이지 아주 징글징글하게도 잠은 나를 찾지 않는다. 수면제를 먹을거나, 술병을 통째로 들을거나, 히말라야 험지라도 가서 악착같은 고생을 사서 해볼거나. 잠을 초빙할 궁리를 궁할 정도로 한다. 그래봤자. 밤은 여전히 어두운 낮일 뿐이다. 누워 뒹굴뒹굴하다 보면 동녘이 훤하다. 세상에나! 오늘도 어제 그제와 지루한 반복 코스를 맴돌았다.

텔레비전에 지리산이 나왔다. 푸른 숲이 화면 가득히 들어온다. 아, 저거야! 어머니를 찾자! 하여 지리산행을 결심했다. 거기 산 숲 초록을 마음껏 보고 마셔보자. 도망간 잠이 시렁시렁 되돌아오리라. 고질적인 수면 부족 현상이 말끔히 가시리라.

남원 춘향고개 이르기 전, 오수가 있다. 교과서에도 수록된 유명한 옛이야기, 충성스러운 개가 주인을 살렸다는 전설이 만든 쉼터. 그 이름도 개 나무, 즉 오수獒樹라 했다. 뇌리에 지명에 관한 호기심은 아예 없다. 지적 호기심이 부족해서가 아니다. 날이면 날마다 삭제된 수면시간이 나도 모르게 정신을 마비시켰기 때문이다. 오수면! 자동차를 굳이 후진해서 표지판 앞에 차를 바투 붙이고서는 바라본다. 그 시간이면 차가 이미 한 마장 정도는 달렸을 거리이다. 표지판에 쓰인 글자는 분명 오수면이었다.

그런데 눈으로 들어오는 의미맥락은 오, 수면이다. 이게 어찌 된 일이지? 몽롱한 상태에서 볼을 꼬집는다. 아야! 볼이 저항하는 소리인 게 분명하다. 그런데 나중의 감탄사는 왜 나왔나? 수면 부족이 정신을 조각조각 해체하고 몸을 널브러지게 했다는 자의식이 폭발한 것이다. 잠의 역습이다.

검은 에테르가 흐르는 밤, 수면이 고요한 발걸음으로 내 어깻

오, 수면

죽지를 타고 앉았으면 좋으련만, 어찌 생리적으로 기를 못 쓰게 한단 말인가? 오, 수면이여! 낮잠이라도 좋으니 수면이여 부디 오시라.

입맛을 다시며 다시 액셀러레이터를 밟는다. 거대한 푸른 소의 등허리 같은, 지리산 마루금이 눈에 들어온다. 지리산 품으로 파고든다. 지리산 살 속으로 들어가면 몸도 초록이 되겠지. 징징대던 아가가 엄마 품에서 다소곳하게 잠들 듯 지리산에 안겨서 잠을 장만해야만 할 것 같다.

초록이 갈맷빛으로 이동하는 길목에 시간이 지나가고 있다. 그 시간표에 누구나 소유하는 잠이라는 목록은 나에게 없다. 밤은 자야 하고, 낮은 일 해야 한다. 그런데 잠이 없기에 나는 밤도 덩달아 없다. 실종된 밤이 연속되자, 하루가 뭉텅 잘리고 내 생이 허물어진다.

갱년기라면 인정하겠다. 종심이 된 나이에 갱년기를 앓는다면 남들 다 웃을 거다. 도무지 어울리지 않는다. 나에게 갱년기는 용도 폐기된 용어다. 그렇다면 왜 잠은 멀리 외출해서 돌아올 생각을 하지 않는가. 어디로 갔나? 이왕 지리산까지 왔으니 몇 킬로 걸을 참이다. 걸으면서도 나의 머릿속에는 잠이 옹두리처럼 박힌다. 가면서 산자락을 힐끗힐끗 눈으로 동냥한다.

소나무 밑동에 상처가 났는지 흘린 붉은 피가 굳어 관솔이 되었다. 아! 저거다! 상처에서 응고된 붉은 피가 바로 관솔이 아니던가? 그렇다면! 그렇다면! 나무는 제 아픔을 굳게 해 더욱더 자기를 자기답게 한다는 말이다. 그 어떤 명장의보다 실팍한 고품질 강의를 들은 것 같아 나도 모르게 웃음을 흘린다.

  잠이 부족한 건, 내 생활 물목에 잠이 빠져버려서 그런 게 아니다. 내가 싫어서 잠이 도망간 것도 아니다. 잠을 몰락하게 한 건, 바로 나다. 삶을 뒤져보고 혹 불편한 상처가 있거든, 저 관솔처럼 더 견고하고 자기다움으로 나서야 한다. 그런데, 그리운 잠은 도대체 돌아올 생각을 하지 않는다. 잠이 생각이 없는 게 아니다. 잠은 당연히 초대장이 없어도 밤이 부르면 오게 되어 있다. 건잠이든, 풋잠이든, 설잠이든, 수면의 질이 문제지 어떤 형태로든 잠은 나와 함께 침대를 사용하지 않는가?

  문제는 깊고 푸른 잠! 왜 오지 않지? 새소리를 물소리가 잡아당기지 않듯, 새소리가 물소리를 건져 올리지 않듯, 새는 새 대로, 물은 물대로 제소리가 있음을 알았다. 그래, 응당 잠이 누워야 할 침대에 나의 과잉된 욕망이 차지하고 있어서 그렇다. 그러니 자연히 잠이 누울 자리는 없지 않은가. 나의 어쭙잖은 과잉욕망이 잠을 쫓아냈구나! 생각이 끝나자 눈 기약한 마실길 걸음도 끝난다. 발길을 돌린다. 다시 찬찬히 지리산을 보았다.

  지리산은 품을 한아름 벌려 나를 보듬어 준다. 어린양이라도 하듯, 나는 덥석 안긴다. 물소리 찰찰한 너럭바위 위에 앉는다. 태양은 정오를 넘어 오후 두 시께로 간다. 싸하게 불어오는 바람

오, 수면

에 실려 새소리가 흔들린다. 하얀 구름 서너 개가 손수건같이 하늘에 걸려 미동도 하지 않는다. 엉덩이가 따뜻해진다. 나는 나도 모르게 너럭바위에 누워버렸다.

산객들이 마실길을 걷는지 간간이 두런대는 소리가 들린다. 사람의 소리도 여기 지리산에서는 한낱 구름 흐르는 소리 외에 그 무엇도 아니다. 나는 어느새 잠들었다. 가끔 바람이 이불 삼아 덮어주고 새소리와 물소리가 얹혀 실컷 잠에 빠졌다. 지리산과 동침한 나는 정말이지 푹 잤다. 지리산을 둘러본다. 거기엔 과잉욕망은 하나도 보이지 않는다.

밝은 어둠 속에서

밤으로부터 새벽이 올 무렵, 사위는 더 짙은 어둠이 머물다가 이내 밝아진다. 밤의 절정 뒤에 찬란한 아침이 있음이다. 어둠은 밝음으로 멀리 뛸 수 있게 도약하는 작용이다. 밤에 이루어지는 영육의 휴식은 새 생명을 잉태하는 거룩한 시간이다. 바닥을 쳐야 더 높이 뛰어오를 수 있다. 낮을 무성하게 키우려면 낮 동안의 잔상을 털어내고 밤은 오로지 밤을 위한 시간이어야 한다.

잠에 빠져들고 싶은데 손사래를 친다. 몸이 편치 않다거나 낮의 일들이 잠자리까지 들어와 방해한다. 수면에 든 시간에도 꿈이란 놈이 훼방을 놓는다. 합일되지 못하는 것은 무엇이든 간에 허공을 맴돈다. 리듬이 깨져 허든거리기 일쑤다. 끝없는 하얀 밤, 참 딱하고 처량도 하다. 밤을 밤답게 쓰지 못한 날은 허깨비하고 씨름이라도 한 것처럼 눈이 퀭하다. 일그러진 얼굴에 주름까지 빗금을 그어놓는다.

원인 없는 결과는 없다고 잠이 토라진 데는 이유가 있다. 먹고

살기 위해, 욕망을 위해 오랜 세월 밤을 낮으로 썼다. 하루 뻔한 시간, 잠을 깎아낼 수밖에 없었다. 밤을 낮으로 연장하는 일상을 열심히 사는 것으로 간주하였다. 잠을 홀대해도 몸이 별 반응하지 않았다. 투정하지 않아 그래도 되는 줄 알았다. 그때는 젊음이 봐준 모양이었다. 우주의 질서까지 무너뜨리고서 무엇을 얻고자 함이었을까? 바둥대며 애면글면 손에 쥐어질 것을 찾아 헤맸지만, 뭘 쥐었는가. 건강 앞에 무엇이 소용 있으랴. 건강에 노란불이 깜빡거린다.

동창 모임이 있었다. 한 방에서 열서너 명이 밤을 맞이했다. 6시간짜리를 먹는다는 둥 3시간짜리를 먹는다는 둥 친구들은 수면제로 잠을 불렀다. 수면제가 시간제로 나오는 것을 처음 알았다. 나이가 그런지 불면은 나에게만 있는 것은 아니었다. 다들 미리 대처해서 코 골아가며 잘도 갔다. 본의 아니게 그들의 파수꾼이 되어 끝내 어두워지지 않는 투명한 밤을 보냈다.

잠이 안 올 때는 언제나 힘이 들지만, 한 공간에 여럿은 더욱 생지옥이다. 불을 켤 수도 없어 날새기만을 기다린다. 밤을 깔고 누워 시간을 살아 먹는 고통은 이루 말할 수가 없다. 내일을 위해, 건강을 위해 조금이라도 눈을 붙여야 한다는 강박에 시달린다. 그러면 그럴수록 잠은 등 뒤로 더 숨어버린다. 아무리 천하장사라도 밤을 지새우는 일은 일상이 무너진다. 아직 수면제까지는 의지하고 싶지 않은데 어쩔 수 없이 고려해봐야 할 것 같다.

　잠을 잔다는 것은 식물에 물 주기와 같은 것, 낮 동안의 피로를 잠으로 적신다. 낮을 온전히 있게 하는 원천적인 힘이다. 하루라는 생을 마치고 내일의 생을 시작하기 위한 휴식의 시간이다. 태양의 생애처럼 햇귀 받아 신생으로 태어나고, 생장하고, 열매 맺고 다시 새 아침을 맞이할 수 있었으면……. 낮 동안의 기쁨도 슬픔도 욕망도 탈탈 털어내고 빈 마음으로 잠자리에 들자. 늘어지게 자고 아침햇살이 오시면 깨어나자. 오늘 밤부터는 그리되리라. 그리되리라 주문을 외운다.

한상차림

 조물주가 아름다운 맛을 느낄 수 있는 기능을 주셨으니 침부터 꼴깍 삼켜야겠다. 세상에서 먹고 싶은 것 맛있게 먹을 수 있는 것보다 행복한 일이 또 있을까. 거기에 사랑하는 사람과 함께라면 금상첨화다. '믹서기'라고 별명이 붙을 만큼 먹성이 좋다 보니 자연히 음식 만드는 것에 관심이 많다. 그래봤자 요리라고 할 것도 없는 시골에서 자랄 때 먹었던 거의 촌것들이다. 요즈음은 그게 몸에 좋은 참살이라고 선호하니 자연스레 촌스러움은 면한 격이 된 것인가.
 어떤 성향이나 능력은 태어날 때부터 잠재적으로 주어지는 것 같다. 청소나 설거지를 싫어하여 큰언니한테 어지간히 지청구를 들었는데 생뚱맞게 부엌에 들어가 뭘 하나씩 만들어내곤 했다.

아버지는 '우리 막내는 시집가면 참 잘해 먹을 것이다.'라고 칭찬해주시었다.

  어머니와 언니들이 하는 음식을 곧잘 따라 했다. 밀가루에 이스트를 넣고 아랫목에 부풀 때까지 놓았다가 쟁반에 부어 강낭콩을 설설 뿌린다. 가마솥에 푹 찌면 뽀송뽀송 보름달같이 둥근 빵이 되었다. 단호박이나 고구마는 쟁강쟁강 썰어 녹말가루를 입혀 기름에 튀긴다. 살짝 끓인 조청에다 설렁설렁 뒹굴려 바순 땅콩을 뿌리면 고소하고도 바삭바삭한 맛탕이 만들어졌다. 밀가루를 슬렁슬렁 반죽해서 비닐에 싸놓았다가 방망이로 늘려 둘둘 말아 잘강잘강 썰어 팥물에 끓이면 신통하게도 팥 칼국수가 되었다.

  쑥 철이 되면 두서너 말씩 쑥개떡을 만들어 냉동실에 넣어두어야 직성이 풀리고, 매실과 오미자 청도 격년으로 담근다. 김장철에는 무청이나 배추 시래기를 삶아 된장과 고추 다진 양념을 조물조물해서 냉동실에 넣어둔다. 깊은 음식이 생각날 때 민물고기에 양념을 추가해 큰 뚝배기에 자글자글 끓이면 별것이 아닌 것 같으면서도 별미 중의 별미가 된다.

  누룽지 사랑도 빼놓을 수가 없다. 전북문단에서 이정숙이 만든 누룽지를 안 먹어본 사람은 문인이 아니라고 우스갯소리를 할 만큼 1년이면 찹쌀 한 가마 이상을 소모한다. 강황, 단호박, 아로니아, 비트, 녹차 같은 재료와 약간의 소금과 아보카도 오일을 넣고 밥을 짓는다. 그리고 얇게 눌린다. 촉촉하게 또는 과자처럼 바싹하게, 재료에 따라서 눌리는 정도에 따라 수십 종의 누룽지가 만들어진다. 사람들이 기술이 아깝다며 특허를 내라는 둥 판매하라는 둥 높이 평가해 준다.

음식의 종류와 만드는 방법은 한둘이 아니다. 얼마든지 응용할 수 있다. 오죽하면 레비–스트로스가 음식의 구조로 문화를 논하는 요리 삼각도를 제시했을까. 인간은 처음부터 음식이란 것을 만들어 먹진 않았다. 원래 자연 상태인 날것, 썩힌 것을 먹다가 점차 문명의 발달로 불을 이용해 익혀 먹는 방법이 개발되었다.

요리 삼각도의 꼭짓점에는 날것, 썩은 것, 익힌 것이 자리하며 다양한 요리로 갈라진다. 익힌 것은 날것의 문화적인 세련됨이고, 썩힌 것은 날것의 자연적인 변형이다. 기본 배면에는 가공과 가공하지 않은 것이 대립이 되듯, 익힌 것과 날것은 문화와 자연의 대립이 있다. 문화 쪽의 익힌 것은 또 구운 것과 끓인 것 두 가지 양태로 나눌 수 있다. 구운 것은 불에 직접 노출하는 데 비해(자연), 끓이는 것은 물과 용기가 요구된다(문화). 또 익힌 것은 물을 매개로 한 끓인 것(문화)과 공기를 매개로 한 그을린 것(자연)의 구조로 나눌 수 있다. 그 밖에 말린 것(오징어), 익혔다가 말린 것(육포) 등 헤아릴 수가 없다. 문화와 자연의 충돌에서 레시피recipe는 발달하고 만드는 방법 또한 무궁무진하다.

주부는 갖은 재료를 다양한 방법으로 저마다의 손맛을 부리어 온갖 음식을 장만하여 식구랑 또 누구랑 먹인다. 별다른 생각 없이 상이 차려진 것 같아도 끼니때마다 반찬 고민을 한다. 메뉴 선택에 머리를 짜내고 섬세한 손길을 거쳐 음식이 만들어진다. 밥과 국만으로도 식사는 성립되지만, 반찬 없이 누가 밥을 먹겠는가.

다듬어 손질하여 씻고 깎고 찧고 다지고 으깨고 갈고 저미고 썰고 비비고 재우기를 하는가 하면, 때론 말리고 절이고 곯리고 곰삭히고 발효시켜 숙성의 과정을 거친다. 섞고 치대고 끼얹고 무치고 뒤집고 담그고 버무리며 찌고 삶고 데치고 굽고 튀기고 달이고 끓이고 조리고 지지고 볶고 우리고 덖는 방법 등이 동원된다.

삭힌 것이나 생것 그대로를 사용하기도 하지만 익히는 게 일반적이다. 익히는 것 중에서도 삶는 것은 오래 익히는 것이고, 데치는 것은 끓는 소금물에 잠깐 넣었다가 찬물에 헹궈주는 것을 말함이고 찌는 것은 훈김으로 익히는 방법이다. 끓이는 것은 삶는 것과 비슷하지만 다른 방법이다. 이렇듯 어떤 형식을 거치느냐에 따라 똑같은 재료를 가지고 다른 음식이 되기도 하고 어떤 재료를 첨가하느냐에 따라 엉뚱한 메뉴의 음식이 만들어지기도 한다. 그러니까 고정된 틀이 없고 식성에 맞추어 무한 변신이 가능한 게 음식이지 싶다.

만들어진 음식은 먼저 포괄적으로 맛있다 맛없다. 로 표현된다. 거기에 짜다 짭조름하다 싱겁다 간이 맞다 쓰다 씁쓰름하다 달다 달콤하다 달부대대하다 맵다 매콤하다 얼큰하다 시다 새콤하다 시큼하다 떫다 화하다 비리다 비릿하다 비적지근하다 맹탕이다 시원하다 부드럽다 감칠맛 난다 향긋하다 고소하다 깊다 맛이 가다 등등 세부적으로 말한다.

맛집을 찾는다. 가짓수만 너절하지, 입에 넣을 것이 없어 대충 먹고 나올 때가 있다. 여행지에서 특히 그렇다. 그럴 땐 밥값이 아깝고 짜증스럽다. 순전히 개인적 관점이지만 적어도 한두 가지쯤은 제대로 먹을 수 있는 상차림이 아쉽다.

얼굴 예쁜 것은 석 달이지만 음식솜씨 좋은 마누라랑 사는 사람은 평생이 행복하다 했다. 우리 식구들은 주먹구구식으로 설렁설렁 만들어도 맛있게들 먹어주니 행복한 것인가? 손대중, 눈대중으로 해도 일일이 가늠한 것처럼 감칠맛 나게 앙케당케 음식이 만들어진다. 손맛이 있기는 한가? 하는 생각도 든다. 혹 손맛이 있다면 어릴 적부터 반복하며 만들어본 덕일 거다.

요리는 손맛이라 했던가? 그런데 손맛도 중요하지만, 맛을 내는 데는 무엇보다도 재료다. 좋은 재료로 맛없는 요리가 될 수는 있지만, 나쁜 재료로 맛있는 요리를 하기 힘들다. 요리는 재료 본연의 맛에서 좌우되기 때문에 양질의 밑감은 필수다. 재료가 좋으면 일단 요리의 반절은 성공한 것으로 봐도 된다.

서울 어느 집에서 사찰음식을 대접받은 적이 있다. 평소 관심이 많았던 한식을 먹는다니 마음이 달떴다. 정갈하게 나오는 음식은 손이 많이 간 것이 역력했다. 그런데 아무리 보기 좋은 떡이 먹기도 좋다고는 하지만 모양새만 예쁠 뿐 평소 해 먹는 음식들과 별반 다르지 않았다. 1인당 식사비가 무려 7만 원이나 되었다. 집밥이 돈으로 환산하면 그리 고가가 되는 줄은 몰랐다. 만만치 않은 가격의 밥을 일상적으로 먹고살다니 참 복되게 사는 게다.

음식의 맵고 짜고 시고, 뜨겁고 하는 상태에 따라 몸은 자연스레 표정으로 응답한다. 입과 혀와 피부가 음식을 만나 최대한 반응하는 건 그들이 음식에 대해 환대한다는 말이 된다. 배가 고파서, 끼니가 되어서, 입이 즐거워서, 건강을 위해서 수없이 많은 것들을 먹으며 산다.

미식은 생존을 위해 식욕을 채우는 단순한 섭식행동이 아니라 오감으로 음식을 음미하고 즐거움을 찾는 것이다. 자유자재로 호사스럽게 먹는 것을 즐길 수 있는 것은 만물의 영장인 사람만이 한다. 갖은 음식을 만들어 먹으며 사는 것만으로도 하늘의 축복을 온전히 받은 것이다.

먹고 죽은 귀신은 태깔도 좋다고 했다. 이쯤 되면 음식은 산 자들은 말할 것 없고 죽은 자에게도 귀물임은 틀림없는 것 같다. 날마다 대하는 음식, 이것처럼 소중한 것이 또 어디 있으랴! 먹는다는 것은 확실히 느낄 수 있는 가장 순수한 쾌락의 원천이며 행복한 일이다. 오죽하면 식도락이라는 말이 있을까.

  나는 밥상을 받으면 빨리 먹고 싶은 마음에 체통 없이 다른 사람이 수저를 들기도 전에 눈치껏 음식을 집분거린다. 사각사각 바삭바삭 말랑말랑 쫄깃쫄깃 단어들을 떠올리는 것만으로도 목구멍에서 침이 꿀꺽, 고무래질한다.

잘사는 것은 나를 영원히 살아가게 하는 방법이겠다.
영원을 얻어 이승에서 저승으로 가는 환승 열차를 타고
여행하듯 떠나야 한다.

평설

'무위자연의 도'와 인간의 내부 '영원성'의 세계
— 이정숙 수필집 『다시 페달을 밟는다』

김광원 (문학평론가)

'무위자연의 도'와 인간의 내부 '영원성'의 세계
― 이정숙 수필집 『다시 페달을 밟는다』

김광원 (문학평론가)

1. "바로 이 순간이 나의 영원이다"

이정숙 수필가의 이번 작품 『다시 페달을 밟는다』를 읽으면서 그의 수필의 매력이 바로 드러났다. 그의 수필은 우선 정성이 가득한 순수 우리말의 사용에서 신뢰감을 준다. 어쩌면 이렇게 사라져가는 우리말을 되살려 한 줄 한 줄의 문장을 이어나가고 있을까? 국어학이나 국문학을 전공하는 어느 수필가라 할지라도 쉽게 할 수 없는 소중한 일을 그는 작품을 통해 스스로 실천하고 있었다. 그의 수필이 독자에게 신뢰감을 주는 또 다른 장점은, 그의 수필은 아무리 펼쳐 내어도 끝이 없을 내면세계의 탐구를 성실하게 보여준다는 데 있다.

사랑하는 사람을 떠나보낼 때는 세상을 잃은 듯 절절하다. 아무리 볼 서럽고 애가 타도 세월은 흐른다. 슬픔은 망각의 순기능으로 시간의 지배하에 점층적으로 엷어진다. 가버리면 인연의 끈은 가늘어진다. 인연의 정도에 따라 한정된 유효기간이 머물 뿐 잊힌다. 하여 잘사는 것은 나를 영원히 살아가게 하는 방법이겠다. 영원을 얻어 이승에서 저승으로 가는 환승 열차를 타고 여행하듯 떠나야 한다.

—「허망하여라」 일부

싹둑싹둑 가위질 소리가 침묵을 깬다. 작업을 하기도 전에 기쁨이 들어앉는다. 어느새 무념 상태다. 눈빛을 모으다 보면 밤이 지나고 새벽이 올 때도 있다. 바느질할 때만큼은 시간이 존재하지 않는다. 카이로스다. 바느질은 시간을 삼키는 괴물 같기도 하다. 안방에 있던 핸드폰에 부재중 전화가 몇 개나 쌓였다. 아침밥 시간도 지나가 버렸다. 뻐근해진 몸과는 달리 정신에서는 나비가 나풀거린다. 온기 스미는 나만의 옷이 생겼다. … 긴 세월 나를 놓아주지 않고 손잡으려 하는 애증의 바느질, 고향 집 같은 끌림이다.

—「외눈박이 물고기의 사랑처럼」 일부

앞 「허망하여라」의 인용문은 가까운 주변 친지들을 연이어 죽음으로 떠나보내며 쓴 작품이다. 아무리 가까운 사람도 떠나고 나면 그 슬픔도 한순간이고 허망할 뿐이다. 이 허망함을 극복하는 길은 잘사는 일이요, 잘사는 일이 내가 영원성을 얻어 살아가는 방법임을 말하고 있다. "영원을 얻어 이승에서 저승으로 가는 환승 열차를 타고 여행하듯 떠나야 한다." 유한한 인간의 존재가 어떻게 '영원성'을 얻고 살아가는 것인지를 작가는 이미 직관하고 있음을 보여준다. '죽음'을 이승에서 저승으로 가는 '환승 열차'로 표현하고 있는데 참 탁월한 비유로 다가온다. 그런 환승 열차를 타기 위해서 필요한 것이 삶의 시련을 통해 얻어지는 내공이라 할 것이다. 어느 정도 삶의 내공이 얻어지고 삶의 순간순간 찾아오는 몰입 상태에서 '영원성'을 체험하는 모습을 담고 있는 작품이 「외눈박이 물고기의 사랑처럼」이다.

"싹둑싹둑 가위질 소리가 침묵을 깬다. 작업을 하기도 전에 기쁨이 먼저와 들어앉는다. 어느새 무념 상태다." 작가에게 침선針線은 곧 침선針禪이 된다. "눈빛을 모으다 보면 밤이 지나고 새벽이 올 때도 있다. 바느질할 때만큼은 시간이 존재하지 않는다." 시간을 잊은 듯 침선에 몰입해 있는 그 즐거움이 바로 예술가의 순수정신에서 나오는 것이다. 휴대폰도 아침밥도 잊고 있는 이 순간은 시간과 공간을 초월하여 영원의 샘물 속에 푹 잠겨 있는 순수몰입의 맑은 세계라 할 것이다. 작가는 이런 때를 몸은 뻐근

해도 정신의 자유를 누리는 시간이요, 고향집에 들어앉은 듯한 아늑한 '끌림'을 느끼는 때라고 표현한다. 이 작품의 후반부 "바느질은 변신이다. 변신은 만족의 불확실성에서 이루어지며 변화를 요구한다."라는 표현은 바느질의 본질과 영원성을 지향하는 인간적 고뇌의 통찰을 예리하게 담고 있다. 「외눈박이 물고기의 사랑처럼」은 작품의 진선미를 추구하는 예술적 균형감에서 이정숙 수필가의 면모를 잘 담아내고 있는 수작이라 할 것이다.

  앞 두 편의 인용 글을 통해 필자는 영원성을 추구하는 예술가의 작품은 인간 내부의 순수의식을 모태로 하여 창조되는 것임을 말하였다. 사실 존재 자체의 순수의식은 의식하든 의식하지 않든 인간 누구나 지니고 있는바, 이는 유무를 초월한 절대계의 존재를 말한 것이다. 우주는 인과의 원리로 변화하는 '현상계'와 변화하지 않으면서 현상계로 하여금 끝없는 순리로 변화하게 하는 '절대계'로 나눌 수 있다. 객관의 세계뿐 아니라 인간의 내부 또한 그러하다. 스스로는 영원히 변화하지 않으면서 현상계의 변화를 일으키는 그 자리를 일러 예로부터 동양에서는 도道 또는 무위자연, 태극, 양심, 법신불, 일원상, 천지신명, 하느님 등의 다양한 이름으로 불러왔다. 이는 개별적 자아를 초월하여 있으면서 오로지 텅 비어 알아차리고 있는 '순수의식'의 상태이다. 달리 말하면 생각·감정·오감 등 모든 것을 내려놓을 때 얻어지는 직관의 세계인 것이다. 텅 비어 알아차리고 있는 이 직관의 자리를 『중용』에서는 '중中'이라 하고, 이 '중'의 상태에서 절도에 맞게 운용하는 것을 '화和'라고 말하고 있다.

> 기뻐하고 분노하고 슬퍼하고 즐거워하는 감정이 아직 발동하지 않은 것을 '중심'中이라고 이르며, 감정이 발동하되 모두 절도에 딱 들어맞는 것을 '조화' 和라고 이른다. 이 중심이라는 것은 천하의 큰 뿌리이며, 조화라는 것은 천하에 두루 통하는 길이다. 중심·조화를 이룰 수 있다면 하늘과 땅이 제자리를 잡게 될 것이며, 만물이 잘 길러지게 될 것이다.

위에서 말하듯이 감정이 아직 발동하지 않은 '중심'의 상태가 곧 '도道'의 세계일진데, 변화를 초월해 있으면서 인간의 세세한 생각·감정·오감에 영향을 미치는 '영원성'으로서의 도의 세계는 사실 인간의 내부에 항상 자리 잡고 있다. 예술가는 이 '영원성'에 접속하여 자신의 생각과 감정과 오감을 발휘하여 예술작품을 창조해 낸다. 순수의식에 몰입하여 이루어지는 일은 예술 활동이 아니라도 인간의 활동 속에서 때때로 이루어지는바, 가장 선호하는 음식의 맛에 심취하거나 심신이 온통 몰입되어 이루어지는 취미활동도 알고 보면 순수의식이 발휘되면서 일어나는 활동이라 할 것이다. 예술가의 순수의식 및 내적 영원성과 관련하여 작품을 더 살펴본다.

　　시간과 공간과 사람이 바로 현재에 있다. 괴로워도 슬퍼도 행복해도 그 모두가 소중한 오늘이다. 살아있음이 축복이고 가치이다. 바로 이 순간이 나의 영원이다. … 무한정 꿈 너머 꿈을 야심차게 가져보기도 했지만 이젠, 어디를 향해 달려가기보다는 그저 편안함이 좋다. 마음을 비우니 지금 내가 가지고 있는 것들이 크게 보인다. 앞으로는 주변에 널려있는 행복을 주워가며 살련다. 내일 행복한 것이 아니라, 오늘 행복하게.

―「환幻」 일부

　　사르트르던가? 타인의 시선은 감옥이라고, 다소 폭력적인 언어인 이 말을 나는 귓바퀴에 스치는 바람처럼 버려 버렸다. 내가 있지? 주황을 이토록 사랑하는 건, 우리가 세상의 중심이고, 이 차끈한 세상에 다소 헐렁한 온기 한주먹은 지니고 살아야 한다는 믿음 때문이야. 그래야 살맛 나는 세상이 되지 않겠소? 라고 색채 웅변을 하기 위해서다.

―「주황예찬」 일부

　　작가는 작품 「환幻」을 통해 '영원성'과 관련한 중요한 사실들을 다시 풀어낸다. "살아있음이 축복이고 가치이다. 바로 이 순간이

나의 영원이다."라는 표현과 "마음을 비우니 지금 내가 가지고 있는 것들이 크게 보인다. 앞으로는 주변에 널려있는 행복을 주워가며 살련다."라는 표현이 그것이다. 작가가 이 '비운다'는 개념을 강조하고 현재의 순간이 바로 '영원'이라고 말하는 데에는 작가로서의 깨달음을 강조한 표현임을 알 수 있다. 보조국사 지눌이 말한 "다만 알지 못하는 줄만(마음 밖에서는 깨달음을 구할 수 없다는 것을) 알면 이것이 곧 견성이니라但知不會 是卽見性"라는 표현과 현상학의 비조鼻祖 에드문트 후설이 '판단중지'를 주장한 것 그리고 '깨달음의 수동성'을 주장한 도원선사道元禪師의 주장은 모두 인간의 생각·감정·오감을 일체 내려놓은 '비움'의 세계를 강조한 표현들이다.

순수의식의 자리라 할 수 있는 '비움'의 자리에 들어갈수록 우주를 지배하는 '참나'의 각성이 일어나게 되고, 유무의 상대성에서 벗어나 '살아있음'의 존재 자체에 눈을 뜨게 된다. 「환幻」의 마무리 "앞으로는 주변에 널려있는 행복을 주워가며 살련다."라는 표현을 얻기까지 작가는 많은 시행착오를 겪어왔으리라. "아침에 도를 얻으면 저녁에 죽어도 좋다"고 말한 공자의 말은 우리의 삶에서 철학적 각성이 얼마나 중요한 것인가를 단적으로 웅변하는 말이라 할 것이다. 가만히 내려놓기만 해도 천지는 은혜로 가득 차 있거늘 눈앞의 욕망과 집착에 사로잡혀 얼마나 많은 세월을 허비하며 살아가고 있는가. 그런 점에서 '무한정의 꿈'

이 아닌 '살아있음을 축복'을 느끼며 오늘의 순간 속에서 '영원'을 체험하는 작가의 「환幻」은 '비움'의 철학을 통해 새로운 삶의 시작을 스스로 격려하고 아울러 삶의 예술을 보여주는 사색적 작품이라 할 것이다.

　이러한 진실은 위의 「주황예찬」에서도 잘 드러난다. 마음을 비우며 한가하게 살아가게 되면 인간은 비로소 자신 스스로가 삶의 주인공임을 체득하게 된다. "사르트르던가? 타인의 시선은 감옥이라고. 다소 폭력적인 언어인 이 말을 나는 귓바퀴에 스치는 바람처럼 버려 버렸다." 상대성을 비워버린 '중심'의 자리에 들어서게 되면 스스로가 중심이 되기에 사르트르가 말한 '타인의 시선'은 힘을 잃게 된다. 주인공은 비로소 남을 의식하지 않고 자신이 좋아하는 '주황'을 맘껏 누리며 살아야 하지 않겠느냐 하고 주장하는 것이다. "주황을 이토록 사랑하는 건, 우리가 세상의 중심이고, 이 차끈한 세상에 다소 헐렁한 온기 한주먹은 지니고 살아야 한다는 믿음 때문이야. 그래야 살맛나는 세상이 되지 않겠소?" 6·25전쟁 직후에 태어나 긴 세월을 보낸 후 이제 종심從心에 이르러 삶의 비밀을 정리한 셈이다. '차끈한 세상'에 '헐렁한 온기 한주먹'을 보여주는 작가의 문학적 유쾌함이 마음에서 마음으로 다가오지 아니한가.

2. "큰 것은 아래가 되는 것입니다"

　계절에 춘하추동이 있고, 만물의 존재에 탄생, 성장, 소멸의 과정이 있듯이 대체로 글에서도 기서결 또는 기승전결의 구조가 나타난다. 이는 이정숙 수필가의 작품에서도 예외일 수가 없다. 일정한 격식이 없이 자유롭게 진술할 수 있다는 게 수필이 지니는 어려움일 수도 있지만, 알고 보면 이 자유로움을 얼마든지 누리며 자신의 주장을 펼쳐낼 수 있다는 게 수필 창작의 최대 장점이 아닐까.

　이정숙 작가의 수필에서 대체로 첫 단락은 남다른 점이 있다. 그는 어떤 구체적인 일상의 이야기를 꺼내는 것으로 출발점을 삼지 않는 경향을 보이는데, 이는 그의 수필의 첫머리가 은유와 상징, 암시와 상상으로 시작되고 있다는 사실과 밀접한 상관성을 지닌다. 그런 점에서 보면 그의 수필은 함축적 경향을 띠며, 일상의 삶에서 얻은 삶의 철학을 중심 내용으로 삼는 경우가 많다. 이야기를 풀어내는 일보다 살아오면서 견디고 삭이고 그리하여 새롭게 발견한 사색의 결과물을 풀어내는 그만의 독특한 문체를 보여주는 것이다. 문학의 행위는 현실적인 서사적 이야기를 잘 풀어내는 것도 중요하겠지만, 그 이전에 이야기를 풀어내는 자의 내면에서 전달되어 오는 공감과 신뢰에서 문학적 생명력이 얻어지는 것이라고 말할 수 있을 것이다. 이에 대한 예로 「나의 퀘렌시아」를 살펴보되 먼저 첫 단락을 살펴본다.

> 속수무책으로 언덕길에 돌멩이 하나 굴러내린다. 물끄러미 바라본다. 모양새가 울퉁불퉁 거무튀튀하다. 흠집이 나는지도 모르고 시간에 내던져 사는 저 돌멩이, 굴러가는 돌의 도달지점은 어디일까? 종착지가 어딘지 가늠조차 되지 않는 곳을 향하여 무턱대고 내리구른다. 그는 광장이 아닌 골방이 필요하다.
>
> ―「나의 퀘렌시아」 첫머리

"속수무책으로 언덕길에 돌멩이 하나 굴러내린다." 글의 첫 문장이 참 시적이다. 돌멩이 하나를 언덕에서 굴려놓았으니 그 돌은 어느 한구석에 처박히게 될 것이고, 그 자리는 곧 골방으로 변신한다. 대부분 작품에서 이정숙 작가는 수필의 첫 출발을 이런 식으로 풀어낸다. 그리하여 수필의 긴 문장과 단락들이 한 편의 함축적인 시처럼 다가오게 된다. 이렇게 이어진 골방은 '돌멩이를 덥석 안은 겹겹의 상자'로 변신하고 마침내 "세상의 빛을 보기 전 양수가 깃든 어머니의 자궁"으로 바뀐다. 작가의 상상력이 발동된 '돌멩이'는 여기서 멈추지 않는다. 그 '골방'은 곧 패배자의 도망침이 아닌 "도약을 위한 성소"가 되며, 마침내 작가는 이

칠흑 같은 어둠의 '성소'에서 '바늘구멍' 하나를 뚫고 저 깊은 내면의 빛을 뽑아낸다. "어둠에 숨어들어 공간의 칠흑을 바늘구멍 하나 뚫는다. 바늘 끝에 스며드는 빛살이 포도송이처럼 송알송알 알을 낳는다. 천천히 지평을 넓혀간다." 깊은 어둠 속 긴 탐색의 끝에 뽑아낸 이런 문장이 어찌 쉬 나올 수 있는 글이겠는가? 마침내 '순수의식'의 물꼬가 터지듯 잠자고 있던 문장들이 쏟아지듯 흘러나오게 된다.

집단 무의식이 밀려와 쏟아지는 낱말과 문장들, 지금 알을 까는 중이다. 단어를 곱씹을 틈도 없이 마구 새 말들이 종이를 메꾸어 나가는 빙의 상태다. 순간 나는 신들린 무녀가 되어 광기의 춤을 춘다. 슬픈 여인으로, 죽은 아이로, 광야를 질주하는 청년으로 울고 웃고 몸을 바꾸어 나간다.

— 「나의 퀘렌시아」 중간 일부

긴 세월 사용하지 않아 기능을 잃은 듯 헤맸다. 담박에는 무리였고, 점층적으로 속도를 줄이다가 종국에는 감옥에 가두어 본 것이다. 외피는 좁아도 내피는 광장이다. 인囚, 사람이란 게 본디 동굴의 수인이 아니던가? 자처해 갇힌 곳은 푸짐한 선물상자였다.

— 「나의 퀘렌시아」 끝 단락

결국 그의 수필 「나의 퀘렌시아」는 자신의 본래면목을 찾아가는 통과의례의 과정을 보여준 셈이다. 그런즉 이 작품은 단군신화에서 곰과 호랑이가 마늘과 쑥을 먹으며 인간으로 변신하고자 했던 동굴의 상징성을 보여준다. "집단 무의식이 밀려와 쏟아지는 낱말과 문장들, 지금 알을 까는 중이다."라는 문장의 집단 무의식은 사실 인간 누구나 내면에 지닌 '순수의식'을 뜻하는 것으로 보아도 좋을 것이다. 작가는 인간의 '순수의식'을 상징하는 '퀘렌시아'를 통해 휴식을 얻고, 삶의 활력도 얻으며, 나아가 빙의 상태가 되어 예술적 문장들을 생산해내는 과정을 보여준 것이라 하겠다. 이런 점에서 「나의 퀘렌시아」는 그의 수필이 문학적 밀도가 높고 철학적 함의를 품고 있으면서 일상의 삶 속에서 어떤 과정을 통해 작품이 생성되어 나오게 되는가를 보여주는 대표적인 작품이라 하겠다.

    자연에 들어서면 몸이 옷을 갈아입습니다. 찌든 세상사 먼발치에 밀어내고 꽃과 나무의 색깔로 물들어요. 어심은 수심이라고 마음도 자연에서 산드러집니다. 금세 자연 냄새가 납니다. 무위자연과의 만남은 한 송이 꽃이 되고, 한 그루 나무가 된답니다. 숲속은 늘 에너지가 충만해요. … 계곡은 급물살임에도 어울리기를 잘해 사이사이 골을 찾아 밑으로, 밑으로 흘러가 다시 만납니다. 강과 바다가 계곡의 왕이 될 수가 있었던 까닭도 낮은 데에 있기 때문이 아닐까요. '대자의위하大者宣爲下'라는 노자의 말이 생각납니다. 그래요. 큰 것은 아래가 되는 것입니다. 사람도 자연에서 배웠으면 좋겠어요.

— 「외솔길을 걷다」 일부

    고추가 유난히 밝게 빛나는 건 바로 이 이유 때문인지도 모른다. 완성을 회임하고 다시 그 완성이 새로운 것을 분만하는 연속성의 세계가 임실임을 알았다. 삶을 추동하는 생기를 챙기려고 몇 년 전부터 태양으로 완성된 고추를 흔연히 하던 솜씨로 배추와 버무려 임실에서 김장을 한다. 꽃으로 완성된 열매, 고추는 고춧가루로 변신하고 이들은 무와 배추에 스며들어 고추도 아니요, 배추나 무만도 아닌 새로운 미각의 김치를 탄생시킨다. 이를 융합에너지 또는 융합마술이라고 하면 지나칠까? 부산하게 버무리는 다른 이들을 본다. 그들의 손 못지않게 입도 기쁨의 표정으로 벙글어진다. 저들도 나와 같이 아름다운 완성과 변신의 힘을 내장하고 있는 고추의 매력에 홀러덩 빠져서 그럴까.

— 「임실을 먹다」 일부

    위 두 편의 작품을 통해 이정숙 수필가의 내면에 어떤 삶의 철학이 내재해 있고, 그 철학이 그의 작품에 어떻게 작용하고 있는가를 살펴보고자 한다. 「외솔길을 걷다」에서 작가는 자연과 하나가 되는 모습을 노자의 무위자연 사상을 통해 구체화하고 있다. "무위자연과의 만남은 한 송이 꽃이 되고, 한 그루 나무가 된답니다. 숲속은 늘 에너지가 충만해요." 무위자연은 곧 에고를 내려놓은 텅 빈 '비움'의 세계이기에 '너'와 '나'는 분리되지 아니하고 하나의 '도' 속에서 한 덩어리 상태로 존재하는 세계이다. 그리하여 꽃을 보면 꽃이 되고, 나무를 보면 나무가 되는 세계이다. 위의 글에서 작가는 "큰 것은 의당 아래가 된다大者宜爲下"는 노자의 말을 인용한다. 가장 아래 있으면서 넓고 크고 깊게 존재하는 것이 바로 '도'라 할 것인바, 이 도의 세계가 소우주인 인간의 내부에 깃들어 있지 않을 까닭이 없을 것이다. 이것이 바로 앞에서 말한 인간 내부에 깃들어 있는 '순수의식'이라 할 것이다. 알고 보면 일찍이 동서양의 성인, 현자들이 주장했던 인간 내부의 신성성은 '비움'의 철학에서 비롯된 '순수의식'을 얘기한 것이라 할 수 있을 것이다. 동방 고대문화의 정수를 담고 있으며 우리 한민족의 가장 오래된 경전으로 전해오고 있는 『삼일신고』의 "자신의 본성에서 씨를 구하라. 하느님이 너희의 머릿골 속에 이미 내려와 계신다自性求子 降在爾腦"라는 말도 결국 인간 내부의 신성과 영원성이 어떻게 존재하고 있는가를 밝힌 것이라 하겠다.

「임실을 먹다」는 작가의 예지가 발휘되고 있는 작품이다. 작가가 서울역사 앞 지하철역 벽에 걸린 커다란 빨간 고추의 광고사진을 만나는 데서 글이 시작된다. 사람 키만한 고추사진 옆에는

'고추는 임실입니다'라는 문장도 함께 제시된다. 다소 멋쩍은 광경 속에 주변의 시선을 느끼면서도 작가는 이때 '임실'이라는 지역명과 '고추'라는 단어 사이의 상관성에 의문을 떠올리게 된다. 작가로서 일종의 프로의식이 발동된 셈이다. "고추는 어지간한 지역에서는 다 나온다. 그런데도 고추는 임실이라고 특정한 이유가 뭔지를 생각하던 중이었다. 아, 그렇구나! 잡고 있던 화두가 풀리기나 한 듯이, 엷은 미소를 입에 물었다." 커다란 고추 사진 앞에서 머뭇거리고 있어야 하는 야릇한 상황을 극복하고 작가는 한참 후 마침내 문제를 풀어낸 것이다. 이 문제를 풀어내면서 작가는 다음과 같은 내용을 진술한다. "아무튼 식물의 완성이라고 하는 결실, 달리 말해 열매가 맺음은 그 자체로 생의 종결이 아니라 다른 꼴로 변화해 변신의 흐름을 타고 우리에게 생기를 준다." 작가가 '열매[實]'에 대한 의미를 '완성'이라는 의미에 머물지 않고 '영원한 회귀'로까지 심화하여 떠올리게 된 것은 '맞이한다.'는 의미의 '임任'이라는 글자를 좀 더 적극적으로 새긴 결과라 할 것이다.

이 작품의 진수는 "허기진 자들이여, 임실에서 완성을 회임하시라. 그러나 진정한 완성은 끊임없이 변신하는 데 있다."라는 문장과 위 인용문의 "완성을 회임하고 다시 그 완성이 새로운 것을 분만하는 연속성의 세계가 임실임을 알았다."라는 문장에서 보여준다. 물론 회임懷妊의 임신할 '임妊'과 임실任實의 맞이할 '임

任'은 한자가 다르긴 하나, '품는다'는 의미로 해석하게 되면 결국 대동소이의 같은 의미로 풀이할 수 있게 된다. 또한 '고추'라는 단어가 품고 있는 이중적 의미를 떠올리면서 '任'과 '妊'을 새기게 되면, 작가가 표현한 바대로 '임실'이란 단어는 '고추'라는 단어와 어울리며 '회임-분만-출생-회임'이라는, 영원성을 향한 끝없는 변화를 의미하는 내용이 된다. '임실任實'이란 지명이 작가가 생각한 바대로 생겨난 것인지는 알 수 없으나, 어쨌든 작가가 '임실'이란 지명의 뜻을 '탄생-성장-소멸-재생'의 과정을 본문에 제시하며 '완성을 향한 영원한 회귀'로 정리한 것은 특기할 만한 발견이라 하겠다.

 부언하자면, 임실이라는 단어를 통하여 "진정한 완성은 끊임없이 변신하는 데 있다."라고 말하고, "완성을 회임하고 다시 그 완성이 새로운 것을 분만하는 연속성의 세계"라고 말하게 되는 것은 '무위자연'의 세계를 기본으로 한 이정숙 수필가의 철학적 관점이 자연스럽게 작용한 결과라 할 수 있을 것이다. 그런 점에서 「임실을 먹다」라는 수필은 영원히 변화하지 않는 절대계의 '영원성'과 그 영원성을 향하여 끝없이 변화해가는 현상계의 모습을 동시에 반영한 것임을 알 수 있다. 그런즉 이 수필은 천지자연이 어떻게 운행되고 있으며, 인간 역시 그 속에서 영원성을 향하여 어떻게 변화해가며 살아가야 하는가를 작가의 사색적 성찰로 보여준 작품이라 하겠다.

3. "그날부터 종지는 꽃이 되었습니다"

시대를 뛰어넘는 예술성은 어떤 예술작품에서 얻어질 수 있을까? 예술성을 말하면서 항용 진선미를 말하게 되는데, 이 진과 선과 미가 삼위일체 조화를 이루고 있을 때 시대를 초월한 영원성으로서의 예술성을 갖게 된다. 사실 진리라 하는 것은 어느 시대에 국한하지 않는 자명한 이치를 담고 있어야 할 것이다. 과거 동서양의 고전들은 공통적으로 자명한 이치를 표현해내고 있으니, 로마제국의 황제 마르쿠스 아우렐리우스(121~180)의 말을 통해서도 이런 사실들은 확인된다. 특히 그의 『명상록』에는 '변화'에 대한 그의 탁월한 관점과 인간 내부의 '지배하는 이성'에 대한 그의 혜안이 잘 담겨 있다.

* 변화를 두려워하는 사람이 있느냐. 변화가 없다면 네가 할 수 있는 일이 단 한 가지라도 있을 것이라고 생각하는 것이냐. 변화보다 더 우주의 본성에 가깝거나 친숙한 것이 무엇이 있겠느냐.
* 판단을 하지 말라. 그러면 네가 피해를 입었다는 생각이 사라질 것이다. 그런 생각이 사라지면, 피해도 사라질 것이다.
* 마음은 고통을 차단함으로써 평정심을 유지하고, 우리를 지

배하는 이성은 고통으로 인해 해를 입지 않는다.
* 다른 것들에 한눈을 팔지 말고, 오로지 너의 본성이 원하는 것들이 무엇인지를 깊이 생각하라.

우주는 영원히 변하지 않는 세계와 인과의 법칙에 의해 끝없이 변화하는 세계로 이루어져 있다. 끝없이 변화하는 현상을 가까이 들여다보면 변화하지 않는 것의 내부 형상을 직관할 수 있다. 위의 인용문에서 인간 내부에는 변화하지 않는 '지배하는 이성'이 있으며, 인간과 인간 주변의 모든 변화는 결국 '지배하는 이성'[본성]으로 돌아가려는 과정임을 강조한다. 그러한바, 외부의 어떤 고통이라도 우리 본래의 '지배하는 이성'에 해를 입힐 수 없으며, 어떤 판단도 내리지 않고 중심을 잡고 본성자리에 들어가면 '평정심'을 유지할 수 있음을 주장한다. 이러한 주장들은 주기도문의 "하늘[절대계]에서 이루어짐과 같이 땅[현상계]에서도 이루어지이다."라는 내용이나, '도'라는 것은 '잃어버린 마음'을 찾는 것이라고 하는 맹자의 주장과 다르지 아니하다. 그런 입장에서 보면 우리의 인생길이란 자기의 본성을 찾아가는 길이요, 우리의 근본자리 '본향'을 찾아가는 길임을 알 수 있다. 생각, 감정, 오감을 내려놓음으로써 얻어지는 '순수의식' 즉 '도의 세계'는 인간의 어떤 고통 속에서도 사라지지 않으며, 예술가는 알게 모르게 몰입과 집중을 통하여 그 순수의식의 가까운 자리에 들어

평설 ― 김광원

가 예술작품을 만들어내는 것임을 알 수 있게 된다.

이정숙 수필가의 이번 작품집 『다시 페달을 밟는다』 중에는 과거 팔남매로 힘들게 살아오던 어린 시절의 추억과 인생사 변화의 자취를 담은 작품이 상당수 실려 있는데, 그중 두 편을 인용해 본다. 고통 속에서 좌절하지 않고 자신을 추스르며 일어서는 과정은 한 예술가의 숭고한 자취이며, 이승에서 겪어야 하는 끝없는 변화의 과정이다. 이 모든 변화의 자취에는 아픔을 삭여내는 예술혼의 생생한 흔적이 담겨 있을 뿐만 아니라, 자신의 본향[본성]을 찾아가는 자의 속 깊은 울림이 담겨 있게 된다. 예술세계는 물질보다 영혼을 지향하기 때문이다.

어깨가 무너지고, 쇳덩이리 글자가 닳아질 정도로 두드리다 보니 소싯적 꿈은 블록쌓기를 해갔다. 처음부터 중심이 잡힌 것은 아니었다. 기울고 비틀비틀하다가 이내 와르르 무너지기를 거듭했다. 그러나 판도라 항아리에 얼비치는 희망이 보였다. 견고한 성이 멀리서 아른거렸다. 백조로 변한 오빠들의 마법을 풀어주기 위해 엘리제가 쐐기풀로 옷을 지었듯이 수인처럼 골방에 갇히어 단어를 만들어댔다. 글자 한 자 한 자가 모여 낱말이, 이것들이 정렬하여 문장이 되고, 문장은 이야기를 이루었다. 기관의 유인물, 교육계획서, 종교단체의 주보, 문중의 족보, 논문과 문인들의 작품집 등이 아침 햇살의 새싹처럼 얼굴을 내밀었다. 그것은 직접적인 자본으로 손에 쥐어졌다. 검은 활자들이 우리 집 역사를 기록했고, 가난을 풀어준 마법이었다.

— 「청타기」 일부

　돌아누워 누렇게 빛바랜 벽지를 보았다. 사방 연속 꽃무늬. 꽃들은 둥글게 다른 꽃들과 어깨를 걸고 하나의 무늬를 이루었다. 그 벽지가 꽃밭이라도 되는 양 개미들은 천정에서 바닥으로, 바닥에서 천정으로 줄지어 나들이했다. 그들은 어김없이 몸을 부딪치며 애정 표현을 하고 지나갔다. 한참을 멍하니 바라보았다. 사금파리만한 가슴에서 뭔가 모를 그리움이 팍 피어났다. 아버지, 어머니, 언니들, 여린 풀들과 소나무, 바람과 뻐꾸기……. 이런 것들이 벽지의 그림처럼 꽃무늬를 이루었으면, 개미들처럼 온기가 있었으면 하는 생각에 목울대가 뜨거워졌다. 뻐꾸기 소리가 문틈 사이로 비집고 들어왔다. 볼 수도 없는 소리를 눈으로 더듬었다. 창호지 문에 걸어놓은 작은 유리창으로 소나무가 들어왔다. 소나무에 뻐꾸기 소리가 얹혔다.

— 「푸른 소나무와 뻐꾸기 소리」 일부

　위 「청타기」의 서두는 다음과 같이 시작된다. "우연히 내가 버린 청타기清打機를 만났다. 인생은 어쩌면 이미 운명이 짠 설계도대로 진행되고 있지 않나 싶다. 유물이 되어 기억 속에 지워진 삶이 여기 있다니. 청주 고인쇄박물관에는 나의 전신과도 같은 청타기가 타임캡슐로 보존되어 있었다." 작가는 청주의 한 인쇄 박물관에서 우연히 만난 '청타기' 앞에서 깊은 회한에 잠긴다. 젊은 시절, 고군분투 살아 버티기 위하여 청타기에 매달리던 먼 추억을 떠올리게 된 것이다. 그때 그 청타기는 '나' 자신을 살아남게 한 참으로 고마운 존재가 아니던가. 그 복합적인 심사를 다독이고 다듬으면서 이 작품은 솟아 나왔을 것이다. "어깨가 무너지고, 쇳덩어리 글자가 닳아질 정도로 두드리다 보니 소싯적 꿈은 블록쌓기를 해갔다. … 그러나 판도라 항아리에 얼비치는 희망이 보였다." 젊은 시절 청타기와 한몸이 되어 씨름하는 장면이 그대로 형상화되어 나타났다. 손가락 마디마디에서 꿈을 키워내는 젊은 시절의 몸부림이 곧 지금의 작가를 탄생시킨 것이다. "검은 활자들이 우리 집 역사를 기록했고, 가난을 풀어준 마법이었다." 앞에서 거론한바, '변화' 없이 이루어지는 일이 어디 있을 것인가. 아픔의 과정은 그의 영혼이 '지배하는 이성'으로 돌아오게 하는 큰 힘으로 작용했으리라.

「푸른 소나무와 뻐꾸기 소리」는 작가가 정읍 시골의 외진 곳에서 팔남매 형제로 태어나 어렵게 생활하던 추억을 담고 있는 수필이다. 알고 보면 그런 외진 시골마을은 한 수필가를 배출할 만한 충분한 동네가 아니겠는가? 이 수필의 서두는 다음과 같다.

"어릴 적 살던 집은 비산비야의 너른 땅이었다. 축구장 네댓 개 넓이의 운동장, 쑥과 벌금다지를 시작으로 봄이 제자리를 잡으면 대지는 온통 초록의 물결이었다. 바람이 스칠 적마다 초록 물살이 일렁였다. 나비들의 아름다운 곡선 무용이 장관이었다. 사금파리만한 내 가슴은 그렇게 채워졌다." 당시 너나없이 어려운 시절, 많은 식구를 거느리기가 쉬운 일은 아니었을 게고, 주변 파악을 제대로 할 수 없던 어린 심사에 작가는 우울한 시간이 많았을 터이다. 위 인용문은 방안에 혼자 드러누워 천정과 바닥 사이를 오고가는 개미들 모습을 바라보며 더올린 생각을 그려낸 부분이다.

  어린 작가는 벽지의 꽃무늬 길을 줄지어 지나가고 있는 개미들의 모습을 바라보며 한순간 상념에 빠진다. 오가는 개미들은 서로 스치면서 그냥 지나치지 않는다. 꼭 므슨 신호라도 주고받는 모습이다. 그런 다정한 모습을 관찰하며 작가는 힘들게 살아가는 식구들을 떠올린다. "사금파리만한 가슴에서 뭔가 모를 그리움이 팍 피어났다. 아버지, 어머니, 언니들, 여린 풀들과 소나무, 바람과 뻐꾸기……. 이런 것들이 벽지의 그림처럼 꽃무늬를 이루었으면, 개미들처럼 온기가 있었으면 하는 생각에 목울대가 뜨거워졌다." 우울감에 빠져 있던 어린 시절, 꿈결 같은 상상의 나래를 펼치는 때에 창문 너머로 뻐꾸기 소리가 들려온 것이다. 다시 찾아간 고향풍경 속에서 당시의 푸른 소나무는 사라지고 뻐꾸기 소리는 들려오지 않아도, 작가의 내면에 깃든 그 소나무와 뻐꾸기 소리는 꿈결처럼 간직되어 있다가 작품으로 다시 태어난

평설 ― 김광원

것이다. 많은 세월 속에 주변 풍경은 모두 사라지고 없어진다 해도 평화를 꿈꾸는 그 마음은 사라지지 않고 이렇듯 부활한 것이다. 진선미를 추구하는 예술작품의 '영원성'이란 바로 이런 데서 찾아진다 하겠다.

아울러, 이정숙 수필가의 이번 수필집『다시 페달을 밟는다』에는 사물을 의인화하여 표현하고 있는 작품 세 편이 실려 있다. 그 사물은 바늘, 대나무, 종지 셋이다. 사물수필은 사물의 특성을 예리하면서도 종합적으로 파악하여야 하고, 그 특성을 수필가 자신의 취향과 철학에 맞추어 비유하고 조율하면서 생명을 가진 한 인격체로 담아내는 작업이기에 작품화하기가 쉬운 일은 아니라 할 것이다. 이 세 작품은 모두 수작들이나, 여기서는 '종지'를 다루고 있는「나는 종지입니다」를 고찰의 대상으로 한다. 이 작품은 작가 자신의 추억 내지 살아온 자취를 잘 담아내고 있고, 긴 삶의 여정을 지나온 작가의 소신과 철학이 잘 담겨 있기 때문이다. 작품 분량으로 보아도 다른 두 작품보다 상당히 길다.

"번듯한 구첩반상은 말할 것도 없고, 쥐코밥상 위에도 그릇들이 차려집니다. 사발, 대접, 접시 그리고 종지. 다들 형제입니다." 작품의 첫 부분이다. 마치 8남매로 태어난 작가의 처지를 반영한 것처럼 느껴진다. 작가는 많은 그릇 중 간장이나 고추장을 담는 조그마한 '종지'를 선택한다. 비록 존재감이 없는 듯이 보이는 작은 '종지'이지만 '종지'는 자신의 정체성을 잘 잡아낸다.

"지상에 닮은 건 하나도 없습니다. 자연도, 사람도, 사물도……. 염불도 몫몫이요 소뿔도 제각각이라고 생김새도 다르고, 생각도 다릅니다. 다름이 있어 동서의 세계는 그토록 조화를 강조했나 싶습니다. 하지만 좋게 말해서 조화이지, 어울림은 말처럼 쉬운 게 아닙니다. 높이와 크기가 있는 사람들은 그것만 믿고 그렇지 않은 상대를 얕잡아 보기 일쑤지요." 그러나 아직 자신의 현 처지에 대한 불평등의식을 완전히 극복하지 못한 상태임을 보여준다. 이규보의 한문수필 「슬견설」을 인용하고, 노자의 말도 끌어오면서 마침내 작가는 자신이 주장하고자 하는 단계에 이르게 된다.

① 음식이 오행의 원리에 따라 단맛, 매운맛, 신맛, 쓴맛, 짠맛을 요구하게 되는데요. 그중에서 입맛을 맞추는 것은 단연 종지에 담긴 간기가 아닐까요? 간기는 다른 것들과 접속을 통해 생성과 변이를 거듭합니다. 이질적인 것들을 하나로 융합시키는 매개체 역할을 하지요. 된장이나 간장, 고추장이 내용물과 뒤엉켜 금세 입에 착 들러붙는 감칠맛을 냅니다. 존재 자체가 옅은 화학의 조미료가 아니라 전통으로 숙성된 천연 진액입니다. 음식 맛을 돋우고 증폭시켜 즉는 이스라엘 백성에게 내려주셨다는 만나 같습니다. 내가 없는 밥상은 진수성찬이 차려져도 뭔가 텅 비어있는 듯한 허전함을 숨길 수가 없을 것입니다.

— 「나는 종지입니다」 일부

② 나 여기 있다고 드러내지 않는 겸손한 미덕을 갖춘, 없어서는 안 되는 입속의 혀 같은 존재지요. 혀는 입을 벌리기 이전에는 보이지 않지만 움직이면서 고갱이가 되어 꽃을 피웁니다. 혀가 움직여줘야 씹을 수 있고 맛을 느낄 수가 있습니다. 온몸에 피돌기가 돌아 살이 되고 피가 됩니다. 나무로 치면 뿌리가 되겠지요. 우리 눈에는 보이지 않지만 뿌리는 지상의 줄기와 잎을 성장시킵니다. 부실하면 열매를 기대하기 힘들겠죠. 종지의 양념도 똑같은 역할을 하지 않나요. 드러내지 않고 자신을 녹여 제 몫을 완벽하게 수행하는 내적인 힘을 간과할 수 없습니다. 세상은 눈에 보이는 것이 전부가 아니라는 것이 증명된 셈이네요.

― 「나는 종지입니다」 일부

위의 첫 번째 인용문에 이르러 작가는 자신이 펼치고 싶은 주장을 마음껏 내놓는다. 종지에 담는 간장의 간기는 '오행의 원리'를 충분히 발휘한다는 것이며, 마침내 "이질적인 것들을 하나로 융합시키는 매개체 역할"을 떳떳하게 드러낸다. "된장이나 간장, 고추장이 내용물과 뒤엉켜 금세 입에 착 들러붙는 감칠맛을 냅니다." 이런 표현에 이르러서는 비로소 '작음'의 불평등을 벗어나 자신만의 존재감을 천하에 드러낸 모양이 아니런가. 종지가 아무리 작아도 자신이 존재하지 않으면 어떤 진수성찬도 텅 비어 있는 듯한 허전함을 감출 수 없다는 것이다. 상호관계성 속에서 살아가는 존재의 근본적 본질을 드러내고, 아울러 크거나 작거나 만물은 평등하다는 사실을 명쾌하게 밝힌 명문이 아닐 수 없다.

위의 두 번째 인용문에서는 작가의 좀 더 심화되고 원융한 삶의 철학이 흔연하게 녹아 내재하고 있음을 알게 된다. "나 여기 있다고 드러내지 않는 겸손한 미덕을 갖춘, 없어서는 안 되는 입 속의 혀 같은 존재지요. 혀는 입을 벌리기 이전에는 보이지 않지만 움직이면서 고갱이가 되어 꽃을 피웁니다." 보이지 않는 곳에서 중요한 일을 해내는 입속의 '혀'가 우리 몸의 고갱이요, 꽃이라고 말하는 작가의 표현은, 『노자』의 "(성인은) 큰 공덕을 세우고도 '내 공덕'으로 삼지 않는다. 자신의 현명함을 밖으로 드러내려 하지 않는다."라는 내용을 떠올리게 한다. 이어지는 내용 "혀가 움직여줘야 씹을 수 있고 맛을 느낄 수가 있습니다. 온몸에 피돌기가 돌아 살이 되고 피가 됩니다. 나무로 치면 뿌리가 되겠지요. 우리 눈에는 보이지 않지만 뿌리는 지상의 줄기와 잎을 성장시킵니다."라는 표현 역시 "'골짜기의 신'谷神은 죽지 않으니 이것을 일러 '현묘한 암컷'玄牝이라고 한다. 현묘한 암컷의 문, 이것은 하늘과 땅을 낳는 뿌리이다."라고 하는『노자』의 표현을 떠올려볼 수 있으리라. 또한 작가는 '종지'의 '양념'이 하는 일을 "드러내지 않고 자신을 녹여 제 몫을 완벽하게 수행하는" 일로 표현하고 있는

데, 이에 이르면 '종지'는 비로소 크기도 벗어나고 하는 일도 벗어나고 오로지 무위자연함으로써 '도의 세계'를 얻은 것이 된다.

늦게 배운 도둑이 날 새는 줄 모른다고 했던가요. 꽃필 계절을 놓치고 늦게 피워 올린 탓에 삶이 저잣거리처럼 분주하네요. 세상 밖으로 나온 발걸음이 경쾌합니다. 정체성을 찾아 종지로 살아가고 있는 것이 얼마나 뿌듯한지요. 요즈음에는 깜냥도 아닌데 밥상의 가운데에 놓여 사람들의 손길이 들락날락하네요. 간이 필요하십니까. 그렇다면 주목하십시오. 간을 맞추고, 음식의 맛을 돋을새김하는 나는 종지입니다.

위 글은 「나는 종지입니다」의 끝 단락 내용이다. "그저 쪼끄만 그릇 하나에 불과하지만, 이름을 불러주는 그 날부터 종지는 꽃이 되었습니다. 와! 이렇게도 쓰일 곳이 많다니 새삼 놀랍고 뿌듯하네요."라는 문장에 이어서 나온 마무리 내용이다. 비로소 정체성을 찾은 '종지'는 세상 밖으로 나와도 발걸음이 유쾌하고, 뿌듯하다. 무위자연의 삶을 추구하는 즐거움 속에 간혹 내놓을 수 있는 말 "나는 종지입니다."라는 표현은 이제 세상 무슨 말보다도 상쾌하고 고귀한 말로 들려오지 않겠는가.

4. "자연과 숨을 나눌 때 영혼은 가볍다"

현실을 살아나가는 인간들의 삶에서 과거의 추억이 있고 미래에 대한 꿈이 있지만, 결국 우리 인간이 태어나서 죽을 때까지 누리게 되는 것은 '지금 여기'라는 현실밖에 없다. 과거를 거울로 삼고 미래를 목표로 삼는다 해도 그건 하나의 방편으로 끌어들이는 일이지 삶 자체는 아닌 것이다. 문제는 지금 이 순간 '나' 자신이 '중심'을 잘 잡고 있는지의 여부라 할 것이다. 앞에서 거론했듯이 우주의 모든 존재는 불멸의 영원성[절대계, 空]과 끝없는 변화의 세계[현상계, 色]로 상호작용을 한다. 인간의 삶은 무슨 일을 하든 이 두 관계를 어떻게 조화를 이루며 살아가는가에 실존자로서의 삶의 가치가 얻어지는 것이라 할 수 있을 것이다. 이 장에서는 이정숙 수필가의 수필을 '일상'이라는 측면에서 살펴보고자 한다.

자전거와 글쓰기, 바퀴를 돌리지 않으던 자생할 수 없다. 페달을 밟고 달릴 때만이 생명이 푸드덕 살아난다. 건너다보니 절간이라는 말은 틀렸다. 저절로 되는 것은 하나도 없다. 팽이는 돌아야 하고, 자전거는 굴려야 살아난다. 하물며 지상의 가장 지적인 작업인 글은 말할 나위가 없다. 팽이,

평설 — 김광원

자전거가 그럴진대, 항차 스스로 되먹임하면서 가동하지 않으면 존재 상실이다. 겉보기는 황금날개 같아 보이지만 고통을 잡아먹어야 비로소 성숙해지지 않는가.

어떤 소설 문장이다. "작가의 길은 가시밭길이다. 그런 길을 작가는 맨발로 걸어야 하는 비극적 인물이다. 상처가 생기고 피가 나지만 그 길은 축복의 길이다." 동의한다. 두렵지 않다. 내가 사랑하는 너, 너도 나를 사랑하라! 목울대를 세워 보지만 여전히 붓은 누운 채 곤한 잠에 빠져 있다. 그래도 붓을 든다. 쉽사리 실행되지 않은 글일지라도 보기 좋은 한 채의 글집을 장만해야만 한다는 조급한 생각이 비수처럼 심장에 꽂힌다. 어쩔 수 없이 글 감옥에 갇힌 수인이 되어버렸다. 무엇을 해도 즐겁지를 않다. 마음이 없으면 지천도 천 리라 한다지. 즐긴다? 이건 차라리 사치다. 옴짝달싹하지 못해 영어囹圄의 신세다.

— 「페달 밟기」 일부

음식의 맵고 짜고 시고 뜨겁고 하는 상태에 따라 몸은 자연스레 표정으로 응답한다. 입과 혀와 피부가 음식을 만나 최대한 반응하는 건 그들이 음식에 대해 환대한다는 말이 된다. 배가 고파서, 끼니가 되어서, 입이 즐거워서, 건강을 위해서 수없이 많은 것들을 먹으며 산다. 미식은 생존을 위해 식욕을 채우는 단순한 섭식행동이 아니라 오감으로 음식을 음미하고 즐거움을 찾는 것이다. 자유자재로 호사스럽게 먹는 것을 즐길 수 있는 것은 만물의 영장인 사람만이 한다. 갖은 음식을 만들어 먹으며 사는 것만으로도 하늘의 축복을 온전히 받은 것이다.

　먹고 죽은 귀신은 태깔도 좋다고 했다. 이쯤 되면 음식은 산 자들은 말할 것 없고 죽은 자에게도 귀물임은 틀림없는 것 같다. 그러니 날마다 대하는 음식, 이것처럼 소중한 것이 또 어디 있으랴! 먹는다는 것은 확실히 느낄 수 있는 가장 순수한 쾌락의 원천이며 행복한 일이다. 오죽하면 식도락이라는 말이 있을까.

─ 「음식이야기」 일부

평설 — 김광원

　이 작가는 「사진, 외출하다」라는 수필에서 "사람은 영원성을 갈망하는 존재, 순간 포착을 저장하여 잊히는 두려움을 해소한다. 기억에서 도망치는 추억을 붙들어 사진으로 기립시킨다."라고 말하였다. 사람은 '영원성'을 갈망하기에 영원히 붙들고 싶은 순간을 포착하여 사진을 찍는다는 것이다. 이는 사진 촬영과 관련하여 표현한 글이지만, 인간 내부의 근원적 중심인 '순수의식'을 언뜻언뜻 떠올리며 살아가고 있는 인간의 실존성을 탁월하게 정리한 표현이다. 앞에서 거론한바, 인간은 알게 모르게 중심을 잡으며 살아간다. 비록 상대성을 초월한 절대계로서의 '중심'이라는 개념과 직관적 체험이 없다 해도 인간을 포함한 만물은 그 중심자리를 떠나서 존재할 수가 없다.

위의 「페달 밟기」는 자신의 분홍색 자전거가 방치되어 몇 년째 비바람을 맞고 있는 모습에서 시작된다. 한때 자신의 분신과도 같았던 자전거에 대한 미안한 마음을 표현하며 과거 자전거에 얽힌 얘기를 담고 있다. 결국 이 작품의 주제의식은 "자전거와 글쓰기, 바퀴를 돌리지 않으면 자생할 수 없다. 페달을 밟고 달릴 때만이 생명이 푸드덕 살아난다."라는 표현에서 잘 드러난다. 우리의 삶을 '바퀴'라는 사물로 비유한 작품인 것이다. 어찌 보면 작가의 길이 '황금날개'를 매단 듯이 빛나는 모습으로 보이지만, 알고 보면 그 길은 고통 없이는 수행할 수 없는 어려운 길이라는 것이다. "보기 좋은 한 채의 글집을 장만해야만 한다는 조급한 생각이 비수처럼 심장에 꽂힌다. 어쩔 수 없이 글 감옥에 갇힌 수인이 되어버렸다." 이렇듯 글쓰기가 어려운 이유는 무엇일까? 그건 사진을 통해 작가가 말한바, '영원성'을 찾아가려는 작가의 예술적 갈망과 도전의식에서 나오는 것이라 말할 수 있을 것이다. 누가 시키지 않았어도 작가의 '영원성'을 담은 잘 지어진 한 채의 글집을 장만하기 위하여 자발적으로 '영어(囹圄)'의 생활을 해야 하는 목마름은 대체 어디서 나오는 것일까? 이런 일들이 바로 인간적 본향을 그리워하는 예술가의 '순수의지'에서 나오는 힘이라 할 수 있을 것이다.

「음식이야기」의 서두는 다음과 같이 시작된다. "조물주가 아름다운 맛을 느낄 수 있는 기능을 주셨으니 침부터 꼴깍 삼켜야겠다. 세상에서 먹고 싶은 것 맛있게 먹을 수 있는 것보다 행복한 일이 또 있을까. 거기에 사랑하는 사람과 함께라면 금상첨화다." 작가가 말한 것처럼, 사랑하는 사람과 함께 맛있는 음식을 먹을 때는 자기도 모르게 '순수의식'에 가까워지는 순간이라 할 수 있을 것이다. '영원성'이란 어느 한 가지에 몰입하여 잡념이 사라진 상태에서 얻어진다 하겠다. 생각과 감정과 오감을 모두 내려놓은 이때는 시간과 공간을 초월하여 우주의 '중심'에 이른 상태라 말할 수 있다. 작가는 이번 수필집 「외눈박이 물고기의 사랑처럼」과 「바늘 여인」 등을 통해 자신의 바느질 솜씨는 타고난 것임을 밝힌 바 있는데, 위의 작품 「음식이야기」에서도 자신의 음식솜씨는 타고난 것임을 간접적으로 밝히고 있다. "자유자재로 호사스럽게 먹는 것을 즐길 수 있는 것은 만물의 영장인 사람만이 한다. 갖은 음식을 만들어 먹으며 사는 것만으로도 하늘의 축복을 온전히 받은 것이다." 음식을 통해서도 '만물의 영장'이나 '하늘의 축복'이란 단어를 사용하고 작가정신을 발휘하는 이정숙 수필가는 일상의 생활 속에서 '영원성'을 발견해가는 작가임을 확인하게 된다.

너도나도 자연을 갈망하면서도 자연에 맞선 인공을 추구한다. 사람의 입맛에 맞추어 낙엽을 쓸어버리고, 잡초라 하며 뽑아내며, 나무를 가두어서 분재를 만드는 것을 멋이라 여긴다. 편리를 위해 흙을 시멘트로 덮는, 필요할 때는 곤충이었다가 내일은 해충이 되는, 야생초였다가 오늘은 잡초로 전락한다. 인간의 욕망이 개입한 것이다. 인간도 자연의 한 구성원이지 지배적 존재가 아니다. 물질세계에서 표류하는 한낱 작은 거룻배다. 자본시장이라는 핏빛 바다에서 의식은 잠에 빠져 현실 바깥에 자연을 두고 동경하면서 산다. 이제 깨야 한다. 숙면에 든 의식을 깨워 자연계와 친해져야 한다. 말 그대로 자연은 자연스러운 아름다움이지 않은가.

― 「저는 보호자가 필요 없어요」 일부

'나도 이제 갈 기어. 갈 때가 되앗지. 인자 저 강물이 되고 싶어. 노상 애들한티 말했지만, 나 죽으면 저 강물에 뿌리라고 했지. 죽어서라도 아버지 품에 안기고 싶어서 그리어.' 메말라 갈라진 얼굴에 한줄기 눈물이 주르륵 흘러내렸다. 노을자리에서 언니의 소멸이 안타까워 흐르는 눈물이 아니었다. 수십 년 세월을 가슴에 보듬고 산 그녀의 가없는 그리움의 폭발이었다. 아침햇살처럼 싱그러운 나이에 돌아가신 아버지를 딸이 부르는 소리 없는 눈물인 것만 같았다.

말이 씨가 되었는지 아니면 무의식 속에 죽음의 그림자가 오고 있었는지 언니는 얼마지 않아 낙동강이 되었다. 평소의 바람대로 아버지 품으로 돌아간 것이다. 아마도 강심 어디쯤에서 부녀가 몸을 비비며 그리움을 나누겠지. 내 눈이 낙동강 물줄기에 얹혔다. 수천 명의 고통과 피가 응결되어 바위가 없는데도 물살 소리가 쟁쟁하게 가슴을 친다. 기억과 망각이 서로 몸을 뒤집는지, 낙동강은 여전히 녹두 빛 설움을 연안 들녘에 풀어놓는다.
— 「지금의 평화 밑에는 죽음이 누워있다」 일부

　위의 두 작품에서는 작가가 품고 있는 인간사회에 대한 분노와 회의감을 보여준다. 인간의 현 사회를 향한 아픔이 없이 어찌 인간을 향한 사랑의 마음을 담아낼 수 있으랴. 「저는 보호자가 필요 없어요」는 이사해온 아파트 주변이 들판으로 이루어져 있어 감탄하는 것으로 시작된다. "사람의 지배를 받지 않은 자연은 저마다의 자태를 뽐내며 도심을 즐긴다. 마치 신사임당의 「초충도」라도 펼쳐진 듯 잠자리와 나비가 날고 담벼락 붉은 장미도 헤벌쭉이다. 이게 무릉도원이 아니고 무엇이랴." 시골에서 태어나 성장해온 탓인지 작가는 자연의 품속에 있기만 해도 절로 행복한 사람이 된다. 작가에게 자연으로서의 들판은 먹을 것도 많이 나오고 볼 것도 많은 에덴동산이 된다. 그런데 그것도 잠시, 입주가 거의 완료될 무렵 작가의 마음은 안타깝고 슬픈 마음으

평설 — 김광원

로 변한다. "그런데, 그런데 말이다. 전 직원이 새마을운동이라도 하는 양 예초기며 낫이며 곡괭이를 들이대어 무참히 자르고 뽑아낸다. 오, 저 생명, 어찌할거나."

그리하여 마침내 위 인용문에서 보이듯이 작가의 마음은 현 문명세계에 대한 분개와 분노의 마음에 이르게 된다. "인간은 자연의 산물이자 한 구성원이지 지배적 존재가 결코 아니다. 물질세계에서 표류하는 한낱 작은 거룻배다. 자본시장이라는 핏빛 바다에서 의식은 잠에 빠져 현실 바깥에 자연을 두고 동경하면서 산다. 이제 깨야 한다." 인간은 현재 자본 중심의 사회구조 속에 함몰되어 맑게 깨어 있어야 할 영혼이 잠들어 있다는 것이다. "너도 나도 자연을 갈망하면서도" 자연을 망가뜨리는 현 인류문명은 크나큰 자충수의 덫에 걸려 있음을 외친다. "사람은 이기적이고 잔인한 족속이다. 자연에만 눈을 돌려도 생태계는 한층 건강할 텐데. 인간이 가하는 무자비한 폭력은 부당한 부조리다." 이 지점에서 떠오르는 생각은, 자연의 현상을 그대로 수용하여 무위無爲의 마음을 갖는 것과 자연의 조화를 깨는 무자비함에 분노하는 마음은 둘이 아니라는 것이다. 다시 말해 '인仁'과 '의義'는 본래 하나의 '본래면목'에서 나왔으되 여건에 따라 표현방식이 다르게 나타나게 된다는 것이다. 여기서 '본래면목'이란 시공을 초월하여 인간 내부에 '영원성'으로 깃들어 있는 텅 빈 한마음[참나, 도, 양심]을 가리킨다고 하겠다.

「지금의 평화 밑에는 죽음이 누워있다」는 6·25전쟁 때 낙동강 전투에서 싸우다 죽은 아버지를 평생 잊지 못하고 그리움 속에 낙동강을 자주 오가던 고향 언니의 이야기를 쓴 작품이다. "냅다 날아든 포탄에 날라가 버린 불쌍헌 사람! 내는 한시도 아버지를 마음에서 버릴 수가 없었어야. 태풍이 와도 쓸어가지 못했고, 눈이 무릎까지 차올라도 내 마음을 덮지는 못했어." 이처럼 평상 시 얘기를 나누던 고향 언니가 아버지의 뒤를 따라가기 전에 한 말도 작가는 소개한다. "나도 이제 갈 기어. 갈 때가 되앗지. 인자 저 강물이 되고 싶어. 노상 애들한티 말했지만, 나 죽으면 저 강물에 뿌리라고 했지." 그렇게 말하던 고향 언니가 얼마 후 정말 죽은 것이다. 아버지를 그렇게 그리워하더니 마침내 아버지를 따라 낙동강과 하나가 된 것이다. 우리는 아직도 전쟁의 상흔에서 벗어나지 못하고 있구나. 낙동강을 찾아가 언니의 영혼을 위무하고 돌아오는 길에 작가는 떠올린다. "돌아오는 자동차 안에서 비발디의 음악이 흘러나온다. '세상에 참 평화 없어라' 평화? 그건 피 흘려 수호해야 있어. 평화는 하늘처럼 언제나 우리 위에 드리운 게 아니지."

우리의 '영원성'은 어떻게 하여 찾아지는 것인가? 사랑을 베풀기만 하면 인류의 문명은 절로 평화로워지는가? 마침내 작가는 돌아오는 길에 마음을 정리하기에 이른다. 평화는 그저 오는 게 아니고 아픔을 통해서 온다는 사실을 말한다. 밝은 사회를 이루기 위해서 정의로운 싸움도 꼭 필요함을 말한 것이다. 여기에 머물지 않고 작가는 한 발짝 더 나간다. "죽음 없는 평화가 과연 있을까. 그렇다면 평화는 죽음을 먹고 자랄까? 언니의 아버지도, 또 숱한 평화를 위한 전사자들도 지금 여기의 평화 밑에 살아있으리라. 다시 돌아가는 길 내내 낙동강 물소리가 쟁쟁하게 귀에 차오른다." 전쟁 통에 희생되어 죽은 자들과 그 주변인들을 떠올리면 안타까움을 넘어 참담할 뿐이다. 허나 여기서 작가는 희생의 대가로 얻어낸 평화를 현재 살아 있는 자들만이 아니라 희생의 당사자들도 함께 누리고 있을 것이라고 말하고 있음에 주목한다. 아픔만이 능사가 아니다. 아픔을 녹여내고 영원성 안에서 희생자를 추모하는 일은 희생자를 향한 최고의 예우요, 격려의 말이라 할 것이다. 모두가 하나가 되는 대승정신의 발로라 하겠다.

이정숙 수필가가 내면화하여 새기고 있는 '무위자연의 도'와 그가 수필 속에서 가끔 내놓는 '영원'이라는 개념은 둘이 아니라는 사실을 그의 작품을 통해 살펴본 셈이다. 또한 보이는 세계와 보이지 않는 세계는 '진리'를 매개로 하여 하나로 엮어져 돌아간다는 사실을 확인한 것이라 할 수 있다. 눈으로 보이지 아니한 햇살도 프리즘을 갖다 대면 무지개 일곱 색으로 펼쳐지듯이, 인간의 내부에 깃들어 있는 '참나'의 세계도 바로 그런 존재로 비유할 수 있을 것이다. 불변의 '영원성'으로 표현되는 '참나'는 분화되지 않은 한 덩어리의 '진선미眞善美' 상태로 존재하다가, 현상계로 등장하게 될 때는 진과 선과 미의 각 개념으로 분화되는 것이라고 하겠다. 이정숙 수필가는 수필「허망하여라」에서 "잘사는 것은 나를 영원히 살아가게 하는 방법이겠다. 영원을 얻어 이승에서 저승으로 가는 환승열차를 타고 여행하듯 떠나야 한다."라고 하였다. 그에게 수필 창작은 '환승열차'를 기다리며 '영원성'을 체득해 나가는 긴 수행의 과정임을 밝힌 셈이다. "또다시 따르릉 소리가 났다. 내 안에 들어있는 자전거 소리였다. 그래! 다시 닦고 조이고 기름칠을 하는 거야!"「페달 밟기」에서 밝힌 작가의 문장들이 여운으로 따라붙는다.

이정숙 수필집

다시 페달을 밟는다

인쇄일 _ 2025년 1월 2일
발행일 _ 2025년 1월 7일

지은이 _ 이정숙
발행인 _ 서영훈
펴낸곳 _ 출판하우스 짓다
주　소 _ 서울시 종로구 삼일대로 32길 36
　　　　(익선동 30-6 운현신화타워) 305호
전　화 _ (02) 3675-3885 (063) 275-4000 · 0484
팩　스 _ (063) 274-3131
이메일 _ shianpub@daum.net
출판등록 _ 제2020-000010호
인쇄 · 제본 _ 신아문예사
ISBN 979-11-984823-4-1   03810

값 18,000원

저작권자 ⓒ 2025 이정숙
서면에 의한 저자와 출판사의 허락없이
작품의 일부를 인용, 발췌하는 것을 금합니다.

이 책의 발간비 일부는 전북특별자치도문화재단의 지원을 받았습니다.